Antipasti, Tapas & mehr

Über 100 Vorspeisen aus Italien, Spanien und dem Orient

Fotos: Barbara Lutterbeck

Inhaltsverzeichnis

Top 9 der Antipasti-Zutaten

1. Olivenöl

... ist nicht gleich Olivenöl: Geschmack, Farbe und Konsistenz hängen von der Olivensorte und deren Reifestadium ab. Eher grünliches Öl wird aus unreifen Oliven gepresst und schmeckt sehr intensiv. Mildere Öle stammen von reifen dunklen Oliven. Wichtig in jedem Fall: Das Öl stammt aus erster Pressung und nennt sich »natives Olivenöl extra«.

2. Aceto Balsamico

... Balsamessig aus der Gegend um Modena, wird aus dem Most der Trebbiano-Traube gewonnen und muss jahrelang in verschieden großen Holzfässern unterschiedlicher Hölzer reifen, bis er sein unvergleichliches Aroma erreicht. Dunkelbraun und von dickflüssiger Konsistenz, würzt und säuert er Salate und andere Antipasti.

3. Basilikum

... hat bei uns seinen Siegeszug in der Kombination mit Tomaten und Mozzarella begonnen. Mittlerweile gibt es das pfeffrige, intensive Kraut in fast jedem Supermarkt im Töpfchen zu kaufen. Was gut ist, denn die hellgrünen bis dunkelvioletten Blätter werden schnell schlapp. Die frischen Blätter am besten roh verwenden oder nur ganz kurz mitkochen.

4. Kapern

... sind die Blütenknospen des Kapernstrauchs, die kurz vor dem Aufblühen geerntet und in Essig- oder Salzlake eingelegt werden, wo sie ihre Bitterstoffe verlieren. Ihr säuerlicher Geschmack rundet viele Antipasti perfekt ab: Salate, Pizzas – und natürlich den Klassiker Vitello tonnato (S. 49). Kleine Kapern schmecken übrigens am aromatischsten.

5. Parmesan

... der feinkörnige Hartkäse aus Kuhmilch, ist würziges Topping für allerlei Nudelgerichte und gehört auch zu vielen Antipasti, von Pizza Margherita (S. 21) bis Carpaccio (S. 51). Er ist übrigens ein prima Vorratskäse: Im Gefrierfach hält das ganze Stück monatelang. Bei Bedarf entnehmen, die gewünschte Menge abreiben, das Stück zurück ins Eis legen.

6. Pinienkerne

... sind die bis zu 2 cm langen Samen der südeuropäischen Schirmpinie. Die hellen, weichen Kerne schmecken leicht süß-säuerlich und erinnern im Aroma an Mandeln. Sie ergänzen viele Kräuterpasten (S. 24), aber auch pikante Fleisch- und Fischgerichte (S. 43). Kühl, trocken und luftig gelagert, halten sich die schmackhaft-knackigen Kerne 2–3 Monate.

7. Rosmarin

Die an Tannennadeln erinnernden Nadeln des Krauts schmecken herb-bitter und kampferartig. Da die dafür verantwortlichen ätherischen Öle schnell verfliegen, besser nur frischen und keinen getrockneten Rosmarin verwenden. Eine klassisch-gute Kombination ist Rosmarin und Orange, wie der Orangensalat auf Seite 31 aufs Feinste beweist.

8. Zitronen

Schale und Saft der sonnengelben Zitrusfrucht geben vielen Antipasti eine herrlich fruchtig-säuerliche Note, die etwa die Crostini mit Hühnerleber (S. 27) so fein macht. Wird wie hier die abgeriebene Schale verwendet, unbedingt unbehandelte Früchte kaufen. Damit Zitronen viel Saft hergeben, vor dem Auspressen einige Male fest hin- und herrollen.

9. Sardellen

... bringen salzige Würze an Salate, Saucen, Füllungen und mehr. In Öl eingelegt kommen enthäutete Filets besonders kleiner Sardellen unter der Bezeichnung »Anchovis« auf den Markt. Die größeren Exemplare legt man in Salz oder Öl in schlanken Gläsern ein – ebenfalls enthäutet im Ganzen oder filetiert. Auf dem Etikett steht dann »Sardellen«.

1
2
3
4
5
6
7
8
9

Top 9 der Tapas-Zutaten

1. Knoblauch

Spanien zählt nicht nur zu den größten Anbauländern für die gesunde Knolle, spanischer Knoblauch ist auch bekannt für beste Qualität. Man unterscheidet weißen Knoblauch (»Ajo blanco«) und rosa Knoblauch (»Ajo morado«). Für beide gilt: Je frischer, desto aromatischer und bekömmlicher sind sie. Ein Frischemerkmal: Die Zehen fühlen sich elastisch an.

2. Oliven

Ob mit oder ohne Stein, ob mit Paprika, Sardellen oder Mandeln gefüllt – Spanien als wichtigstes Erzeugerland exportiert seine Tafeloliven in alle Welt. Direkt vom Baum kommend ungenießbar, werden den Früchten in Salzlake oder Natronlauge die Bitterstoffe entzogen. Danach werden sie abgespült und in frische Salzlake oder Öl eingelegt.

3. Sherry

... hat seinen Namen von der andalusischen Stadt Jerez de la Frontera. Rings um die Stadt wird der Wein angebaut. Bei der Reifung entwickelt er unter Luftzufuhr den »Flor«, einen Hefepilz, der für das besondere Aroma sorgt. Es gibt an die zehn Sherrysorten. Für die Tapas-Küche wichtig ist vor allem der trockene strohgelbe Fino – als Würze oder als Getränk.

4. Chorizo

Die rote Paprikawurst wird nicht nur gegrillt und in Eintöpfen verwendet, sondern gerne auch als Tapa verspeist. Grundsätzlich bestehen Chorizos aus eingesalzenem Schweinefleisch, Schweinefilet, Knoblauch und Paprikapulver, doch hat jede Region in Spanien ihre eigene Variante. Bei uns gibt es die würzigen Würste in spanischen Lebensmittelgeschäften.

5. Safran

Auch bei Safran gilt: Spanische Qualität ist die beste. Die kurzen roten Fäden sind die Narbenstängel einer Krokusart, die in Handarbeit aus den Blüten gezupft werden. Das erklärt, warum Safran so teuer ist, zumal es für ein einziges Gramm ca. 170 Blüten braucht. Doch dank seines intensiven, zartherben Aromas wird er in der Küche sehr sparsam dosiert.

6. Chilischoten

Ob frisch, getrocknet oder gemahlen als Cayennepfeffer – die scharfen Schoten machen in Spanien viele Tapas »hot«. Da die meiste Schärfe in den Kernen und weißen Trennwänden der Chilis steckt, diese gründlich entfernen. Und dabei am besten Haushaltshandschuhe tragen, damit die Schärfe später nicht an den Mund oder in die Augen gelangt.

7. Paprika

Das leuchtend rote Pulver wird aus getrockneten Gewürzpaprikaschoten gewonnen und in verschiedenen Sorten angeboten: Edelsüßes Paprikapulver schmeckt, wie der Name schon vermuten lässt, fruchtig-süß, Delikatesspaprika aromatischer, aber immer noch fruchtig-mild. Rosenscharfes Paprikapulver ist würzig-scharf, Königspaprika brennend scharf.

8. Mayonnaise

... ist pur oder aufgepeppt eine cremig-würzige Grundlage vieler Tapas. Sie wird aber oft auch als Dip gereicht – beispielsweise zu Tortillawürfeln (S. 55) oder zu Wilden Kartoffeln (S. 57). Mayo ist schnell und ganz einfach selbst gemacht. Zu beachten ist nur, dass die Zutaten Zimmertemperatur haben und die Eier ganz frisch sind (s. auch Tipps S. 69).

9. Manchego

... aus der Mancha ist Spaniens berühmtester (Schaf-)Käse. Er hat mittlerweile auch unsere Käsetheken erobert. Je nach Reifegrad ist er milchartig-sahnig über feinnussig bis würzig-aromatisch im Geschmack. Manchego, gut zu erkennen an der schwarzen Rinde und den Kerben von Hanfschnüren, mit denen er umwickelt wird, gehört auf jede Tapas-Tafel.

1
2
3
4
5
6
7
8
9

Top 9 der Mezze-Zutaten

1. Kreuzkümmel

Die grünlich grauen ganzen Früchte ähneln europäischem Kümmel, doch ersetzen kann man sie durch ihn nicht, denn geschmacklich liegen Welten dazwischen. Als ganze Früchte oder Pulver (Cumin) findet man das bitter brennende Gewürz im Asienladen, wo oft auch die iranische Sorte Black Cumin mit leicht süßlichem Aroma angeboten wird.

2. Tahina

... oder Tahin ist eine Paste aus gemahlenen Sesamsamen, die Cremes und Dips wie Hummus (S. 99) und Babaganoush (S. 97) eine mildnussige Note verleiht. Tahina ist im Asienladen oder im Reformhaus problemlos erhältlich. Die ölhaltige Paste kühl und dunkel lagern. Und da sich das Öl oben absetzt, vor der Verarbeitung kräftig durchrühren.

3. Koriandergrün

... kann man meist früher riechen als sehen, denn das mildpfeffrige Kraut mit seiner süßlichen Anisnote verströmt einen sehr markanten Geruch. Und unterscheidet sich schon dadurch deutlich von glatter Petersilie, der es rein äußerlich ähnelt (s. auch S. 107). Beim Einkauf (z. B. im Asienladen) auf sattgrüne Blätter achten, gelbblättriges Kraut ist welk.

4. Harissa

... eine nordafrikanische Gewürzpaste aus roten Chilischoten, Knoblauch, Gewürzen und Öl, heizt vielen Cremes und Dips ordentlich ein, schärft aber auch kräftige Grillgerichte. In Tuben oder Dosen bekommt man sie im Orientladen, manchmal auch schon im Gewürzregal gut sortierter Supermärkte. Wenn nicht, kann Sambal Oelek Ersatz leisten.

5. Minze

... ist mit rund 20 Sorten eine sehr vielfältige Kräuterart. Ihre frische Kühle macht nicht nur viele Desserts und Drinks spannend, sondern gerade auch orientalische Fleischgerichte, Salate und Dips. Zu verdanken ist sie dem ätherischen Öl Menthol, das je nach Sorte mehr (z. B. in englischer Pfefferminze) oder weniger (z. B. in marokkanischer Minze) enthalten ist.

6. Kichererbsen

... bilden die eiweißhaltige Grundlage für knusprige Falafel (S. 115) und cremigen Hummus (S. 99). Die getrockneten Hülsenfrüchte müssen vor dem Garen mindestens 12 Std. (am besten über Nacht) in kaltem Wasser eingeweicht werden. Gegarte Kichererbsen aus der Dose sind zumindest für Falafel keine Alternative, da die Früchte dafür roh verarbeitet werden.

7. Kardamom

... wird getrocknet in Grün oder Schwarz, als Kapseln, ausgelöste Samenkörner oder als Pulver angeboten. Im Orient und in Indien sorgen die kräftig würzigen Kapseln für hocharomatischen Kaffee: 5 TL Kaffeepulver und 2–3 grüne Kardamomkapseln mit 1/2 l kochendem Wasser überbrühen, kurz ziehen lassen, dann abseihen. Mit 1/2 l heißer Milch mischen.

8. Joghurt

... wird im Orient gerne über Fleischgerichte gegeben oder als erfrischende Basis vieler Dips und Dressings verwendet. Für scharf gewürzte orientalische Gerichte eignet sich Joghurt generell als Zugabe, denn er kühlt den Rachen. Für die Rezepte in diesem Buch eignen sich Bulgara-Joghurt, griechischer Joghurt mit 10 % Fett und Sahnejoghurt am besten.

9. Rosinen

... werden in der orientalischen Küche nicht nur in Kuchen und Süßspeisen verwendet, sondern gerne auch als süßer Kontrast in herzhaften Schmorgerichten, beispielsweise mit Lamm und Couscous kombiniert. Zur Konservierung werden Rosinen oft geschwefelt. Wer darauf empfindlich reagiert, sollte auf den Vermerk »ungeschwefelt« achten.

1
2
3
4
HARIS
LE PHA
DU
CAP BO
5
6
7
8
9

1. Caprese

Ein Klassiker, ebenso schnell wie lecker: Für 4 Portionen 6 feste, reife Fleischtomaten waschen und in ca. 1/2 cm dicke Scheiben schneiden, dabei die Stielansätze entfernen. 300 g Mozzarella ebenfalls in gleichmäßig dicke Scheiben schneiden. Den Käse und die Tomaten kranzförmig und dachziegelartig abwechselnd auf einer Platte anrichten. 1 Bund Basilikum waschen und trockenschütteln, die Blättchen abzupfen und mit 1/2 TL getrocknetem Oregano über Käse und Tomaten streuen. Salz, Pfeffer und Olivenöl bereitstellen – jeder würzt am Tisch nach Lust und Laune.

2. Schinken mit Melone

... einmal etwas anders: Für 4 Portionen 1 reife Honigmelone vierteln, die Kerne mit einem Löffel herauskratzen. Das Fruchtfleisch aus der Schale lösen, in mundgerechte Stücke schneiden und auf vier Teller verteilen. 250 g Parmaschinken in dünnen Scheiben locker daneben legen. 2 EL Zitronensaft mit 4 EL Olivenöl, Salz und Pfeffer zu einem Dressing verrühren. 1/2 Bund Zitronenmelisse waschen und trockenschütteln, die Blättchen grob hacken und unterrühren. Das Dressing über die Melonenstücke träufeln.

3. Garnelensalat

»Insalata di gamberi« macht trotz simpler Zubereitung richtig was her. Für 4 Portionen 4 kleine, feste Tomaten waschen, in Scheiben schneiden, die Stielansätze entfernen. Salzen und ca. 10 Min. abtropfen lassen. 1 Kopfsalat zerpflücken, putzen, waschen und trockenschütteln. Die Blätter in mundgerechte Stücke zupfen und auf vier Teller verteilen. Die Tomatenscheiben darauf geben. 250 g gegarte geschälte Garnelen kalt abspülen, trockentupfen und darüber verteilen. 2–3 EL Zitronensaft mit 6 EL Olivenöl verrühren, kräftig salzen und pfeffern. Das Dressing über den Salat träufeln.

4. Gebratene Auberginen

... schmecken warm oder kalt zu knusprig-frischem Fladenbrot (S. 91). Für 4 Portionen 2 große Auberginen (ca. 1 kg) waschen, putzen und längs in ca. 1 cm dicke Scheiben schneiden. 150 ml Olivenöl in einer großen beschichteten Pfanne erhitzen und die Auberginenscheiben darin portionsweise bei mittlerer Hitze von beiden Seiten in 5–8 Min. goldbraun braten. Herausnehmen, auf Küchenpapier entfetten und mit Salz und Pfeffer würzen. Nach Belieben warm stellen, bis alle Auberginen gebraten sind.

5. Gurke mit Granatapfel

... schmeckt sommerlich frisch. Für 4 Portionen 1 Granatapfel aufschneiden und die Kerne mit einem Teelöffel herauslöffeln, dabei die Samenhäutchen entfernen, denn sie schmecken bitter. 1 Salatgurke schälen und in dünne Scheiben schneiden. Die Gurkenscheiben mit den Granatapfelkernen und 4–6 EL Zitronensaft in einer Schüssel mischen, mit Salz und Pfeffer würzen. Den Salat auf vier Teller verteilen. 1 Zweig frische Minze waschen und trockenschütteln, die Blättchen abzupfen und auf dem Salat verteilen.

6. Käsecreme

... mit Fladenbrot (S. 91): eine pikante Vorspeise. Für 4 Portionen 200 g türkischen Schafkäse fein zerdrücken und mit 175 g säuerlichem Joghurt zu einer glatten Creme verrühren. 1 Bund glatte Petersilie waschen, trockenschütteln. Einige Blättchen beiseite legen, übrige fein hacken und mit 1 TL Nane (getrocknete Minze) und 1 TL Pul Biber (s. S. 119) in die Creme rühren. 2 Knoblauchzehen schälen, dazupressen, unterrühren. 2 Peperoni waschen, putzen, samt Kernen schräg in Scheibchen schneiden, auf der Creme verteilen. Mit der restlichen Petersilie garnieren.

1
2
3
4
5
6

1. Campari Soda

... setzt feinherbe Geschmacksakzente und erinnert ans italienische Straßencafé. Als Aperitif ist er immer geeignet, zu Antipasti kann er aber ebenso getrunken werden. In ein Longdrinkglas (20 cl) 4 cl Campari und 2–3 Eiswürfeln geben. Das Ganze mit eiskaltem kohlensäurehaltigem Mineralwasser auffüllen, einmal kurz durchrühren und mit einem Trinkhalm servieren. Wer die feinherbe Note etwas mildern möchte, füllt das Glas statt mit Mineralwasser mit Orangensaft oder Maracujanektar auf, dann nennt sich der Drink **Campari Orange** bzw. **Campari Maracuja.**

2. Prosecco

Zu Antipasti immer gut: eiskalter Prosecco. Mit **Limoncello,** italienischem Zitronenlikör, kann man ihn fruchtig aufpeppen: In ein Sektglas (10 cl) 1–2 cl Limoncello gießen, mit eiskaltem Prosecco aufgießen. Auch **Campari** harmoniert mit dem Prickelwasser: Für 2 Drinks 4 cl Campari, 2 cl Limettensaft und 2 cl Zuckersirup mit 8 Eiswürfeln im Rührglas gut verrühren. Durch das Barsieb in zwei Sektgläser (10 cl) gießen, mit eiskaltem Prosecco aufgießen. Für den Auftakt einer Tapas-Party: In jedes Sektglas 1–2 cl Orangensirup gießen, mit eiskaltem spanischem Sekt (Cava) aufgießen.

3. Sherry-Mandel-Drink

... ist die aromatisch-fruchtige Alternative zu Sherry pur und kann als Aperitif oder Begleiter zu Tapas geschlürft werden. Für 2 Drinks 6 cl Medium Sherry, 18 cl Orangensaft, 3 cl Limettensaft, 2 cl Mandelsirup (Orgeat) und 1 cl Zuckersirup mit 4 Eiswürfeln im Shaker ca. 20 Sekunden kräftig schütteln. Jeweils 3–4 Eiswürfel in ein Longdrinkglas (20 cl) geben. Den Inhalt des Shakers durch das Barsieb darüber gießen. 2 Orangenscheiben jeweils bis zur Mitte einschneiden und an die Glasränder stecken. Die Drinks mit Trinkhalmen servieren.

4. Marokkanischer Minztee

... wird traditionell mit chinesischem Grüntee zubereitet und ist im Orient allgegenwärtig. Für 2 Teegläser ca. 400 ml Wasser aufkochen und etwas abkühlen lassen. 2 TL chinesischen grünen Tee (am besten Gunpowder) mit dem heißen Wasser übergießen, 1–2 Min. ziehen lassen. 2 Zweige frische Minze waschen, in eine Kanne geben. 2–4 TL Zucker darüber streuen. Die Minze mit einem Löffel etwas anquetschen. Den Tee über Minze und Zucker seihen, weitere 3 Min. ziehen lassen. In die Teegläser gießen, mit Minzeblättchen garnieren.

5. Melonendrink

Dieser erfrischende Sommerdrink bekommt seine orientalische Geschmacksnote durch Rosenwasser, das man in der Apotheke kaufen kann. Für 2 Drinks aus 1/2 Honigmelone (ca. 750 g) die Kerne mit einem Löffel herauskratzen. Das Fruchtfleisch aus der Schale lösen, grob in Stücke schneiden und fein pürieren. 2–3 EL Zitronensaft, 2–3 EL Zucker und 1 EL Rosenwasser unter das Melonenpüree rühren. Zugedeckt im Kühlschrank 2 Std. kalt stellen. Jeweils 3–4 Eiswürfel in ein Glas geben, den Melonendrink darüber gießen.

6. Orientalischer Mokka

Für 2 Tässchen 2 Messlöffel stark gerösteten, fein gemahlenen Kaffee (Mokka, ca. 15 g) und 3 TL Zucker in ein türkisches Mokkakännchen (Cezve) geben. 150 ml kaltes Wasser dazugießen, alles verrühren. Das Kännchen mit dem Mokka auf dem Herd erhitzen. Sobald er leicht brodelt und sich Schaum bildet, vom Herd nehmen und ein Drittel davon in die Tassen gießen. Kännchen wieder auf den Herd stellen, Vorgang wiederholen, dann den Rest in die Tassen gießen. Das Kaffeepulver absetzen lassen, den Mokka heiß trinken.

1
2
3
4
5
6

Antipasti

Wenn die Hauptsache »anti pasti« kommt

In Italien serviert man sie »anti pasti«, also vor den Teigen bzw. Nudeln: kleine, feine Appetizer mit Gemüse, Fleisch, Fisch oder Meeresfrüchten, auf die weitere »piatti« (ital. für Gänge) folgen. Doch man muss es nicht immer klassisch italienisch halten: Wenn die Auswahl aus dem verlockend vielfältigen Antipasti-Angebot allzu schwer fällt, wird einfach das ganze Menü mit den leckeren Vorspeisen bestritten. So lassen sich nicht nur die verschiedenen Vorlieben der Gäste clever berücksichtigen. Da die kleinen Gerichte meist gut vorzubereiten sind, bleibt auch genug Zeit, sie entsprechend in Szene zu setzen.

Die Mischung macht's

Stressfreie Vorbereitung der einzelnen Vorspeisen – evtl. schon einige Tage vorher – ist ein wichtiges Kriterium bei der Planung eines **Antipasti-Menüs.** Es sollte aber nicht das einzige sein, denn sonst besteht die Gefahr, dass sich z. B. nur Mariniertes und Eingemachtes auf der Tafel tummelt. Ebenso wichtig bei der Menüauswahl ist daher die ausgewogene Mischung verschiedener Vorspeisen. So kann sie z. B. aussehen:

Gekühlter Brotsalat (S. 19) oder **Crostini mit Hühnerleber** (S. 27), **Orangensalat** (S. 31) oder **Blumenkohlsalat** (S. 33), **Tomaten mit Bröselhaube** (S. 37), **Mangoldfrittata** (S. 39), **Gebratene Paprikaschoten** (S. 35) oder **Eingelegte Zucchini** (S. 41), **Eingelegter Mozzarella** (S. 42), **Marinierte Seezunge** (S. 43), **Meeresfrüchtesalat** (S. 45) oder **Tunfischpastete** (S. 49), **Carpaccio** (S. 51)

Reichen Sie dazu einige **Beilagen** wie Grissini (S. 17), Oliven, in Öl eingelegte getrocknete Tomaten und natürlich reichlich frisches **Weißbrot** (S. 17). Was die **Getränke** angeht, können Sie Campari Soda (s. S. 12), Prosecco pur oder aufgepeppt (s. S. 12) oder einen trockenen Weißwein servieren. Außerdem sollte ausreichend Mineralwasser bereitstehen – pro Person etwa 2 Flaschen.

Clever einkaufen – Bezugsadressen

Hier können Sie italienische Spezialitäten und Weine online bestellen:
www.al-mercato.de – **www.gourmondo.de**
www.internetto.de – **www.italianfoodwine.it**
www.mittelmeerbasar.de – **www.nadia.de**

Büfett-Styling all'italiana

Bei der Tischdekoration sollten Sie nicht vergessen: Die eigentlichen Protagonisten sind die Gerichte selbst. Darum sollten Sie das Büfett nicht »zubauen« – einige wenige Dekoelemente reichen völlig aus, um aus dem Tisch eine Tafel zu machen. Das können z. B. Kräuter in (Ton-)Töpfchen oder Kräutersträußchen in schlichten, transparenten Glasvasen sein. Leere, gesäuberte Tomatenmarkdosen sind noch authentischere Behältnisse. Bei der Kräuterauswahl sind natürlich die »Italiener« zu bevorzugen – etwa Basilikum, Rosmarin, Salbei, Thymian und/oder Rucola. Typische Zutaten wie Artischocken, Knoblauchknollen und Tomatenrispen eignen sich ebenfalls gut als dekorative Hingucker zwischen den einzelnen Gerichten. So entsteht außerdem ein hübscher Farbmix in Grün, Weiß und Rot – den Farben der italienischen Flagge. Diesen Effekt erzielen Sie auch mit auf Nylonfäden aufgezogenen roten Tomatenpaprika und grünen Peperoni, die Sie banderolenartig über den mit einer weißen Tischdecke bedeckten Tisch legen. Eine Alternative dazu sind Stoffbahnen in den entsprechenden Farben.

Eine ganz andere, aber nicht minder italienische Farbwelt tut sich Ihren Gästen auf, wenn Sie eine blaue Tischdecke auflegen, die Antipasti in schlichten Tonschalen und -schüsseln anrichten und dazwischen einige Zitronen arrangieren. Statt Zitronen können Sie auch Penne oder Rigatoni (kurze Nudelröhrchen) lose verteilen oder auf Nylonfäden aufziehen und als Nudelketten auf den Tisch legen.

knusprig Grissini

(im Bild hinten)

Für 56 Stück:
900 g Mehl | 1 EL Salz
1 Würfel frische Hefe (42 g) | 3 EL Olivenöl
200 g weiches Schweineschmalz
Außerdem:
Fett für die Backbleche
Mehl für die Arbeitsfläche

Zubereitungszeit: ca. 1 Std.
Ruhezeiten: ca. 55 Min.
Backzeit pro Blech: ca. 14 Min.
Pro Stück: ca. 90 kcal

1 Mehl und Salz in einer Schüssel mischen, eine Mulde hineindrücken. Die Hefe zerbröckeln, in 100 ml lauwarmem Wasser glatt rühren und hineingießen. Die Hefe mit etwas Mehl vom Rand breiig vermischen. Zugedeckt an einem warmen Ort 10 Min. gehen lassen.

2 Nach und nach 400 ml lauwarmes Wasser und das Öl dazugießen, dabei das Mehl unterarbeiten. Das Schmalz in Flöckchen dazugeben. Den Teig gut durchkneten. Zu einer Kugel formen und zugedeckt an einem warmen Ort 30 Min. gehen lassen.

3 Vier Bleche einfetten. Den Teig auf wenig Mehl nochmals kräftig durchkneten und zu einer Rolle formen, diese halbieren. Jede Hälfte in 28 gleich große Stücke teilen, diese zu ca. 20 cm langen, dünnen Rollen formen und jeweils 14 Rollen auf ein Blech verteilen. Zugedeckt weitere 15 Min. gehen lassen. Den Backofen auf 250° vorheizen.

4 Die Teigrollen auf dem ersten Blech leicht mit Wasser bepinseln und im heißen Ofen (Mitte, Umluft 220°) ca. 12 Min. backen. Dann das Blech eine Stufe höher einschieben und die Grissini in ca. 2 Min. goldgelb backen. Mit den restlichen Rollen genauso verfahren (s. Tipp).

Clever zubereiten

Während das erste Blech mit Grissini im Ofen bäckt, die übrigen **Teigrohlinge** einfach zugedeckt stehen lassen. Damit die Hefe nicht zu sehr weiterarbeitet, sollten Sie nur darauf achten, dass die Teigrohlinge es nicht zu warm haben. Am besten also bis zum Backen an einen kühleren, aber zugluftfreien Ort stellen.

preiswert Italienisches Weißbrot

(im Bild vorne)

Für 1 Brot:
30 g frische Hefe
350 g Mehl
Außerdem:
Fett und Mehl für das Backblech
Mehl zum Bestauben

Zubereitungszeit: ca. 20 Min.
Ruhezeiten: ca. 1 Std. 40 Min.
Backzeit: ca. 30 Min.
Pro Brot: ca. 1200 kcal

1 Die Hefe zerbröckeln und in einer Schüssel mit 200 ml lauwarmem Wasser glatt rühren. Die angerührte Hefe 20 Min. stehen lassen.

2 Das Mehl dazugeben und alles zu einem relativ weichen Teig verkneten. Den Teig in einer Schüssel zugedeckt an einem warmen Ort 1 Std. gehen lassen.

3 Das Backblech einfetten und mit Mehl bestauben. Den Teig nochmals kräftig durchkneten, zu einem ovalen Laib formen und auf das Backblech legen. Zugedeckt weitere 20 Min. gehen lassen.

4 Den Backofen auf 200° vorheizen. Den Brotlaib mit Wasser bepinseln und mit Mehl bestauben. Im heißen Backofen (Mitte, Umluft 180°) in ca. 30 Min. goldbraun backen.

aus der Toskana Gekühlter Brotsalat

(im Bild vorne)

Für 6–8 Personen:
6 EL Rotweinessig | 1 Lorbeerblatt
300 g altbackenes Weißbrot ohne Rinde
300 g vollreife Fleischtomaten
je 1 kleine gelbe und rote Paprikaschote
2 Frühlingszwiebeln
je 1/2 Bund glatte Petersilie und Basilikum
2 EL Kapern (aus dem Glas)
3 Knoblauchzehen
8 EL Olivenöl
Salz | Pfeffer

Zubereitungszeit: ca. 45 Min.
Kühlzeit: ca. 1 Std.
Bei 8 Personen pro Portion: ca. 190 kcal

1 125 ml Wasser mit dem Essig und dem Lorbeerblatt kurz aufkochen lassen. Abkühlen lassen und über das Brot gießen. 30 Min. ziehen lassen.

2 Die Tomaten überbrühen, häuten und in schmale Streifen schneiden, dabei Kerne und Stielansätze entfernen. Die Paprika waschen, putzen und winzig klein würfeln. Frühlingszwiebeln putzen, waschen und in feine Ringe schneiden. Petersilie und Basilikum waschen und trockenschütteln, die Blättchen abzupfen. Die Hälfte der Petersilie fein hacken.

3 Das Brot ausdrücken und in kleine Stücke zupfen, das Lorbeerblatt entfernen. Brot, Tomaten, Paprika, Frühlingszwiebeln und Kapern in einer Schüssel mischen.

4 Den Knoblauch schälen, durchpressen und mit dem Öl verquirlen. Gehackte Petersilie, Salz und Pfeffer unterrühren. Das Dressing über den Salat träufeln und untermischen. Zugedeckt 1 Std. kalt stellen. Mit Essig, Salz und Pfeffer abschmecken, die Kräuterblättchen darüber streuen.

macht was her Brotbällchen mit Tomatensauce

(im Bild hinten)

Für 4 Personen:
400 g altbackenes Weißbrot
5 Eier | 1–2 EL Semmelbrösel
3 EL geriebener Parmesan
3 Knoblauchzehen | 1 Bund glatte Petersilie
Salz | Pfeffer | 2 EL Olivenöl
1 große Dose geschälte Tomaten (800 g)
3 EL Rotwein | 1/2 EL Zitronensaft
4 eingelegte, abgetropfte Artischockenherzen
1/2 Bund Basilikum
Außerdem:
Olivenöl zum Frittieren

Zubereitungszeit: ca. 1 Std.
Pro Portion: ca. 650 kcal

1 Das Brot in Stücken in warmem Wasser 5 Min. einweichen, ausdrücken und klein zupfen. Die Eier verquirlen, Brot, Semmelbrösel und Käse unterrühren. 1 Knoblauchzehe schälen und dazupressen. Petersilie waschen und trockenschütteln, die Blättchen fein hacken und dazugeben. Die Masse gut verkneten, salzen und pfeffern.

2 Reichlich Olivenöl in einem Topf oder in der Fritteuse erhitzen. Aus dem Teig walnussgroße Bällchen formen. Diese in dem heißen Öl portionsweise in ca. 8 Min. goldbraun frittieren. Herausnehmen, auf Küchenpapier entfetten und zugedeckt warm stellen.

3 Den restlichen Knoblauch schälen, fein hacken und in 2 EL Öl glasig braten. Tomaten mit Saft dazugeben, zerkleinern und offen bei mittlerer Hitze ca. 5 Min. kochen lassen. Wein dazugießen, die Sauce mit Salz, Pfeffer und Zitronensaft würzen. Die Artischocken klein schneiden. Das Basilikum waschen, die Blättchen fein hacken. Beides unter die Sauce rühren, einmal aufkochen lassen. Die Sauce zu den Brotbällchen servieren.

1

2

3

Grundrezept Pizzateig

Für 1 große Pizza/4 Personen:
300 g Mehl
1/2 TL Salz
1/2 Würfel frische Hefe (20 g)
2 EL Olivenöl
Außerdem:
Olivenöl für das Backblech
Mehl für die Arbeitsfläche und zum Bestauben

Zubereitungszeit: ca. 45 Min.
Ruhezeiten: ca. 50 Min.
Backzeit: ca. 25 Min.
Pro Portion: ca. 300 kcal

1 Mehl und Salz in eine Schüssel sieben, eine Mulde hineindrücken. Die Hefe zerbröckeln, in 2 EL lauwarmem Wasser glatt rühren und hineingießen. Die Hefe mit etwas Mehl vom Rand breiig vermischen **(Step 1)** und leicht bemehlen. Den Vorteig zugedeckt an einem warmen Ort 15–20 Min. gehen lassen.

2 Nach und nach 125 ml lauwarmes Wasser und das Olivenöl dazugießen, dabei das Mehl unterarbeiten **(Step 2)**. Den Teig so lange kneten, bis sich Blasen bilden und er sich vom Schüsselrand löst **(Step 3)**. Weiterkneten, bis der Teig glatt und geschmeidig ist. Den Teig zu einer Kugel formen, mit Mehl bestauben und zugedeckt an einem warmen Ort 30 Min. gehen lassen, bis sich das Volumen verdoppelt hat.

3 Den Backofen auf 220° vorheizen. Das Backblech mit Öl einfetten. Den Teig nochmals kräftig durchkneten, dann auf wenig Mehl möglichst dünn in Größe des Backblechs ausrollen. Den Rand etwas dicker lassen. Den Teig auf das Blech legen. Nach Belieben belegen. Im heißen Backofen (unten, Umluft 200°) in 20–25 Min. knusprig backen.

Klassiker Pizza Margherita

Für 4 Personen:
Für den Teig:
300 g Mehl | 1/2 TL Salz
1/2 Würfel frische Hefe (20 g)
2 EL Olivenöl
Für den Belag:
1 große Dose geschälte Tomaten (800 g)
250 g Mozzarella
Salz | Pfeffer
1 Bund Basilikum
4 EL geriebener Parmesan
6 EL Olivenöl
Außerdem:
Olivenöl für das Backblech
Mehl für die Arbeitsfläche

Zubereitungszeit: ca. 45 Min.
Ruhezeiten: ca. 50 Min.
Backzeit: ca. 25 Min.
Pro Portion: ca. 655 kcal

1 Aus den Teigzutaten wie links beschrieben einen Pizzateig herstellen. Den Ofen auf 220° vorheizen. Das Backblech mit Öl einfetten. Den Teig nochmals kräftig durchkneten, auf wenig Mehl in Größe des Blechs ausrollen. Den Rand etwas dicker lassen. Den Teig auf das Blech legen.

2 Die Tomaten abtropfen lassen, in Scheiben schneiden und auf dem Teigboden verteilen, dabei einen ca. 2 cm breiten Rand lassen. Die Tomaten mit einer Gabel zerdrücken. Den Mozzarella in dünne Scheiben schneiden und auf die Tomaten legen. Salzen und pfeffern.

3 Die Pizza im heißen Backofen (unten, Umluft 200°) ca. 15 Min. backen. Das Basilikum waschen und trockenschütteln, die Blättchen abzupfen. Die Pizza aus dem Ofen nehmen, mit Basilikum und Parmesan bestreuen. Die Basilikumblättchen mit dem Olivenöl beträufeln. Die Pizza im Backofen (Mitte) in ca. weiteren 10 Min. fertig backen.

ganz einfach Focaccia mit Oliven

(im Bild hinten)

Für 4 Personen:
400 g Mehl
3/4 TL Salz
30 g frische Hefe
9 EL Olivenöl
4–5 EL trockener Weißwein
250 g entsteinte schwarze Oliven
Außerdem:
Olivenöl für das Backblech
Mehl für die Arbeitsfläche

Zubereitungszeit: ca. 1 Std.
Ruhezeiten: ca. 2 Std. 30 Min.
Backzeit: ca. 35 Min.
Pro Portion: ca. 625 kcal

1 Aus dem Mehl, dem Salz und der Hefe nach dem Grundrezept für Pizzateig auf Seite 21 einen Vorteig herstellen und diesen zugedeckt an einem warmen Ort 30 Min. gehen lassen. Dann nach und nach 150 ml lauwarmes Wasser, 3 EL Öl und den Wein dazugießen, dabei das Mehl unterarbeiten. Weiterverfahren wie auf Seite 21 beschrieben und den Teig zugedeckt an einem warmen Ort 2 Std. gehen lassen.

2 Den Backofen auf 200° vorheizen. Das Backblech mit Öl einfetten. Die Oliven grob zerkleinern. Den Teig auf wenig Mehl kurz durchkneten, etwas ausrollen, mit den Oliven belegen, zusammenrollen und so lange kneten, bis sie sich gleichmäßig verteilt haben.

3 Den Teig in Größe des Backblechs ausrollen, auf das Blech legen und mehrmals mit einer Gabel einstechen. Mit Salz bestreuen und das restliche Olivenöl darüber träufeln.

4 Die Focaccia im heißen Ofen (unten, Umluft 180°) 30–35 Min. backen. Etwas auskühlen lassen und in kleine Rechtecke schneiden.

vegetarisch Spinatpizza

(im Bild vorne)

Für 4 Personen:
Für den Teig:
300 g Mehl | 1/2 TL Salz
1/2 Würfel frische Hefe (20 g)
2 EL Olivenöl
Für den Belag:
500 g Blattspinat
300 g Mozzarella
Salz | Pfeffer
2 Knoblauchzehen
6 EL Olivenöl
Außerdem:
Olivenöl für das Backblech
Mehl für die Arbeitsfläche

Zubereitungszeit: ca. 1 Std.
Ruhezeiten: ca. 50 Min.
Backzeit: ca. 25 Min.
Pro Portion: ca. 620 kcal

1 Aus den Teigzutaten nach dem Grundrezept auf Seite 21 einen Pizzateig herstellen.

2 Den Spinat verlesen, waschen, tropfnass in einen Topf geben und zugedeckt bei mittlerer Hitze zusammenfallen lassen, dabei immer wieder umrühren. In einem Sieb abtropfen lassen, gut ausdrücken und grob hacken. Den Mozzarella in Scheiben schneiden.

3 Den Backofen auf 220° vorheizen. Das Backblech mit Öl einfetten. Den Teig nochmals kräftig durchkneten, dann auf wenig Mehl in Größe des Backblechs ausrollen. Den Rand etwas dicker lassen. Den Teig auf das Blech legen.

4 Den Spinat salzen und pfeffern, den Knoblauch schälen und dazupressen. Auf dem Teig verteilen. Den Mozzarella darauf legen. Die Pizza mit dem Olivenöl beträufeln und im heißen Backofen (unten, Umluft 200°) 20–25 Min. backen.

vegetarisch Rucola-Crostini

Für 4–6 Stück:
1/2 Bund Rucola
1 Knoblauchzehe
1 EL Pinienkerne
1/2 TL scharfer Senf
3–4 EL Olivenöl
1–2 TL Zitronensaft
Salz
Pfeffer
4–6 Scheiben Weißbrot (ca. 200 g)
2 EL Butter
125 g Mozzarella
1 TL fein gehackte Thymianblättchen
Außerdem:
Fett für das Backblech

Zubereitungszeit: ca. 25 Min.
Backzeit: ca. 10 Min.
Bei 6 Stück pro Stück: ca. 220 kcal

1 Die Rucola putzen, waschen, trockenschütteln und bis auf einige Blätter für die Garnitur grob hacken. Den Knoblauch schälen und fein hacken. Rucola und Knoblauch mit den Pinienkernen und dem Senf in einer Schüssel glatt pürieren, dabei nach und nach so viel Olivenöl dazugießen, bis eine sämige Paste entstanden ist. Mit Zitronensaft, Salz und Pfeffer würzen. Die Paste zugedeckt kalt stellen.

2 Inzwischen den Ofen auf 180° vorheizen. Das Backblech einfetten. Die Brotscheiben diagonal halbieren, mit Butter bestreichen. Den Mozzarella in dünne Scheiben schneiden und auf die Brote verteilen. Thymian darüber streuen, salzen und pfeffern. Die Brote auf das Blech setzen und im heißen Ofen (Mitte, Umluft 160°) ca. 10 Min. backen. Herausnehmen, mit der Rucolapaste bestreichen und mit den Rucolablättern garnieren.

blitzschnell Crostini mit Makrelencreme

Für 12 Stück:
200 g geräucherte Makrele
2 EL saure Sahne
1 EL Zitronensaft
1 Stück Salatgurke (ca. 70 g)
1 TL eingelegte grüne Pfefferkörner (aus dem Glas)
evtl. Salz
4–6 Radicchioblätter
12 Scheiben Baguette
Außerdem:
Dillspitzen zum Garnieren

Zubereitungszeit: ca. 15 Min.
Pro Stück: ca. 70 kcal

1 Die Makrele von Haut und Gräten befreien und in Stücke zupfen. Mit der sauren Sahne und dem Zitronensaft fein pürieren.

2 Die Gurke schälen, längs halbieren, entkernen und sehr fein würfeln. Die Pfefferkörner abtropfen lassen und fein hacken, mit der Gurke unter die Makrelencreme rühren. Evtl. etwas salzen. Die Radicchioblätter waschen und trockentupfen, in 12 Stücke, so groß wie die Baguettescheiben, zupfen.

3 Die Brotscheiben im Toaster oder im Backofen bei 250° (Mitte, Umluft 230°) in 4–5 Min. goldbraun rösten. Dann jeweils mit 1 Radicchioblatt belegen, mit Makrelencreme bestreichen und mit den Dillspitzen garnieren.

vegetarisch Crostini mit Tomatenrelish

(im Bild vorne)

Für 8 Stück:
3 kleine feste Tomaten
1/2 gelbe Paprikaschote (ca. 100 g)
1 rote Zwiebel
1 Knoblauchzehe
1–2 Zweige glatte Petersilie
1/2 Bund Basilikum
1 EL Olivenöl
Salz / Pfeffer
1 EL Aceto Balsamico
8 Scheiben Mehrkorn-Baguette
60 g entsteinte schwarze Oliven

Zubereitungszeit: ca. 30 Min.
Pro Stück: ca. 50 kcal

1 Die Tomaten waschen und klein würfeln, dabei die Stielansätze entfernen. Die Paprika waschen, putzen und ebenfalls klein würfeln. Zwiebel und Knoblauch schälen und sehr fein hacken. Die Petersilie und das Basilikum waschen und trockenschütteln, die Blättchen abzupfen. Die Petersilie fein hacken. Eine Hälfte des Basilikums ebenfalls fein hacken, die andere Hälfte in Streifen schneiden.

2 Das Öl in einer beschichteten Pfanne erhitzen, Tomaten, Paprika, Zwiebel und Knoblauch darin bei schwacher Hitze ca. 3 Min. dünsten. Die gehackten Kräuter untermischen. Das Relish mit Salz, Pfeffer und Balsamessig würzen und abkühlen lassen.

3 Die Brotscheiben im Toaster oder im Backofen bei 250° (Mitte, Umluft 230°) in 4–5 Min. goldbraun rösten und abkühlen lassen. Die Oliven klein schneiden. Die Brotscheiben mit den Oliven bestreuen und das Tomatenrelish darüber verteilen. Mit den Basilikumstreifen garniert servieren.

Klassiker Crostini mit Hühnerleber

(im Bild hinten)

Für 18 Stück:
1 Zwiebel
1 kleine Möhre
1 Stange Staudensellerie
je 1 Bund glatte Petersilie und Basilikum
200 g Hühnerleber
2 EL Olivenöl
1 EL Butter
75 ml trockener Weißwein
1 EL Kapern (aus dem Glas)
Salz / Pfeffer
1 TL abgeriebene Schale von 1 unbehandelten Zitrone
18 Scheiben Baguette

Zubereitungszeit: ca. 30 Min.
Pro Stück: ca. 60 kcal

1 Die Zwiebel schälen und fein hacken. Die Möhre putzen, schälen und klein würfeln. Den Sellerie waschen, putzen und in Scheiben schneiden. Die Kräuter waschen und trockenschütteln, die Blättchen abzupfen und fein hacken. Die Hühnerleber kalt abspülen, trockentupfen, putzen und grob würfeln.

2 Öl und Butter in einem Topf erhitzen. Die Zwiebel, die Möhre, den Sellerie und die Kräuter darin kurz andünsten. Die Leber untermischen und unter Rühren anbraten. Den Wein und die Kapern unterrühren. Alles mit Salz und Pfeffer würzen und zugedeckt bei mittlerer Hitze ca. 10 Min. schmoren. Etwas abkühlen lassen und fein pürieren. Mit der Zitronenschale und evtl. noch Salz und Pfeffer abschmecken.

3 Die Brotscheiben im Toaster oder im Backofen bei 250° (Mitte, Umluft 230°) in 4–5 Min. goldbraun rösten. Die heißen Brotscheiben mit der Leberpaste bestreichen und sofort servieren.

macht was her **Bruschette mit Spargel**

Für 12 Stück:
200 g weißer Spargel
Salz / 1 Prise Zucker
1 Stück Salatgurke (ca. 100 g)
1/2 Bund Basilikum
1 EL Kapern (aus dem Glas)
2–3 EL Olivenöl
Pfeffer
12 Scheiben Baguette

Zubereitungszeit: ca. 40 Min.
Pro Stück: ca. 45 kcal

1 Den Spargel waschen, die holzigen Enden entfernen. Die Stangen von oben nach unten gründlich schälen.

2 In einem weiten Topf reichlich Wasser zum Kochen bringen, Salz und Zucker dazugeben. Den Spargel darin bei starker bis mittlerer Hitze halb zugedeckt in 12–15 Min. bissfest garen.

3 Inzwischen die Gurke waschen und in kleine Würfel schneiden. Das Basilikum waschen und trockenschütteln, die Blättchen abzupfen und in feine Streifen schneiden. Die Kapern grob hacken.

4 Den Spargel herausnehmen, abtropfen und abkühlen lassen, dann quer in ca. 1/2 cm dicke Scheiben schneiden. Den Spargel, die Gurke, das Basilikum, die Kapern und das Öl in einer Schüssel mischen. Mit Salz und Pfeffer würzen.

5 Die Brotscheiben im Toaster oder im Backofen bei 250° (Mitte, Umluft 230°) in 4–5 Min. goldbraun rösten. Die Spargelmischung darauf verteilen. Sofort servieren.

blitzschnell **Bruschette mit Speck**

Für 8–10 Stück:
70 g Pancetta
8 Wacholderbeeren
2 EL Olivenöl
1 EL Walnusskerne
Pfeffer
8–10 Scheiben Baguette (je nach Größe)

Zubereitungszeit: ca. 15 Min.
Bei 10 Stück pro Stück: ca. 70 kcal

1 Den Speck in Streifen schneiden. In einer beschichteten Pfanne bei mittlerer Hitze auslassen und knusprig werden lassen, dabei ab und zu wenden.

2 Die Wacholderbeeren im Mörser fein zerstoßen. Mit dem Olivenöl mischen. Nach Belieben auch das ausgelassene Speckfett untermischen. Die Walnüsse mittelfein hacken. Speck, Wacholderöl und Walnüsse mischen, mit Pfeffer würzen.

3 Die Brotscheiben im Toaster oder im Backofen bei 250° (Mitte, Umluft 230°) in 4–5 Min. goldbraun rösten.

4 Die Speckmischung auf den gerösteten Brotscheiben verteilen und die Bruschette sofort servieren.

Tauschbörse

Pancetta, den luftgetrockneten oder geräucherten Bauchspeck vom Schwein, bekommen Sie in italienischen Spezialitätenläden oder auch an den Fleischtheken der Feinkostabteilungen großer Kaufhäuser. Sollten Sie nicht fündig werden, ersetzen Sie ihn einfach durch **Südtiroler Speck**.

Getränk

Zu diesen würzig-deftigen Bruschette passt ein gehaltvoller, weicher **Rotwein** – beispielsweise ein Umbria Rosso aus Umbrien.

blitzschnell **Orangensalat**

(im Bild vorne)

Für 4 Personen:
2 saftige Orangen
1 kleine Fenchelknolle (ca. 150 g)
2 kleine weiße Zwiebeln
1 EL Weißweinessig
4 EL Olivenöl
1 Zweig frischer Rosmarin (oder 1 TL getrockneter)
Salz
Pfeffer, grob gemahlen

Zubereitungszeit: ca. 15 Min.
Pro Portion: ca. 120 kcal

1 Die Orangen rundum dick abschälen, so dass auch die weiße Haut mit entfernt wird. Den Saft dabei auffangen. Die Orangen in ca. 1/2 cm dicke Scheiben schneiden, evtl. vorhandene Kerne entfernen. Die Orangenscheiben auf einer großen Platte anrichten.

2 Den Fenchel waschen und putzen, die harten äußeren Teile entfernen. Das Fenchelgrün für die Garnitur beiseite legen. Das Fenchelherz in kleine Würfel schneiden. Die Zwiebeln schälen und in sehr feine Ringe schneiden.

3 Den aufgefangenen Orangensaft mit dem Weißweinessig und dem Olivenöl verquirlen. Den Rosmarin waschen und trockenschütteln, die Nadeln abzupfen, fein hacken und untermischen. Das Dressing mit Salz und Pfeffer würzen.

4 Die Fenchelwürfelchen gut in dem Dressing wenden, herausnehmen und auf den Orangenscheiben verteilen. Die Zwiebelringe darüber streuen. Das restliche Dressing über den Salat träufeln. Mit grob gemahlenem Pfeffer bestreuen und mit dem Fenchelgrün garnieren.

ganz einfach **Pilzsalat**

(im Bild hinten)

Für 4 Personen:
450 g kleine, frische Steinpilze (ersatzweise Champignons)
1 Bund glatte Petersilie
6–8 frische Minzeblättchen
1 Knoblauchzehe
4 EL Olivenöl
Saft von 1 Zitrone
Salz / Pfeffer

Zubereitungszeit: ca. 30 Min.
Pro Portion: ca. 115 kcal

1 Die Pilze putzen und mit Küchenpapier trocken abreiben.

2 Die Petersilie und die Minzeblättchen waschen und trockenschütteln bzw. -tupfen, die Blättchen fein hacken. Den Knoblauch schälen und ebenfalls fein hacken.

3 Das Olivenöl, die Petersilie, die Minze, den Knoblauch und den Zitronensaft zu einem Dressing verrühren. Mit Salz und Pfeffer würzen.

4 Die Pilze feinblättrig hobeln oder in sehr dünne Scheiben schneiden. Mit dem Dressing mischen und sofort servieren.

Dressingvariante

Im Aostatal macht man »Insalata di funghi« mit diesem **sämigen Dressing** an: Für 4 Portionen 1 ganz frisches Eigelb mit Salz, Pfeffer und dem Saft von 1/2 Zitrone schaumig rühren. 1 Knoblauchzehe schälen und dazupressen. 100 ml Olivenöl erst tropfenweise, dann in dünnem Strahl unterschlagen (s. Tipp S. 69). 1 Bund Petersilie waschen, trockenschütteln, die Blättchen fein hacken und untermischen. Die Mayonnaise über die vorbereiteten Pilze träufeln.

für die große Runde **Blumenkohlsalat**

(im Bild vorne)

Für 6 Personen:
1 kleiner Blumenkohl (ca. 500 g)
Salz
1 kleine rote Paprikaschote
je 50 g entsteinte grüne und schwarze Oliven
4 Sardellenfilets (aus dem Glas)
4 eingelegte milde Peperoni
1 EL Kapern (aus dem Glas)
Pfeffer
3–4 EL Weinessig
6 EL Olivenöl

Zubereitungszeit: ca. 30 Min.
Pro Portion: ca. 200 kcal

1 Den Blumenkohl putzen, in Röschen teilen, waschen und in reichlich kochendem Salzwasser ca. 5 Min. garen. In ein Sieb abgießen, eiskalt abschrecken und abtropfen lassen.

2 Die Paprika waschen, putzen und in sehr feine Streifen schneiden. Die Oliven halbieren. Die Sardellen kalt abspülen, trockentupfen und in schmale Streifen schneiden. Die Peperoni längs aufschlitzen, entkernen und in Ringe schneiden.

3 Den Blumenkohl in eine Schüssel geben. Paprika, Oliven, Sardellen und Peperoni mit den Kapern untermischen, salzen und pfeffern. Essig und Öl angießen. Alles gut vermengen.

Pikante Variante

Für ein rasant-pikantes Geschmackserlebnis den Salat zusätzlich mit 1 Prise **Cayennepfeffer** oder **Chilipulver** abschmecken.

Clever genießen

Der Salat schmeckt besonders gut, wenn man ihn vor dem Servieren einige Zeit **durchziehen** lässt – am besten bei Zimmertemperatur.

würzig **Lauchsalat**

(im Bild hinten)

Für 4 Personen:
1 kg Lauch (möglichst gleichmäßig mitteldick)
100 g durchwachsener Räucherspeck
3/4 l Fleischbrühe (Instant)
3 Zweige glatte Petersilie
1 kleine Zwiebel
2–3 Zweige frischer Estragon
5 EL Olivenöl
Saft von 1 Zitrone
Pfeffer | Salz

Zubereitungszeit: ca. 45 Min.
Pro Portion: ca. 295 kcal

1 Vom Lauch die oberen grünen Teile und die Wurzelenden entfernen. Die verbliebenen Stangen längs mittig einschneiden (nicht durchschneiden) und gut waschen. In ca. 4 cm lange Stücke schneiden und in einen Topf geben.

2 Den Speck ohne Schwarte klein würfeln und zum Lauch geben. Mit der Brühe übergießen, bis Lauch und Speck gerade bedeckt sind. Die Petersilienzweige waschen und dazugeben. Den Lauch zugedeckt bei schwacher Hitze in 15–20 Min. bissfest garen.

3 Inzwischen die Zwiebel schälen und sehr klein würfeln. Den Estragon waschen und trockenschütteln, die Blättchen fein hacken. Zwiebel und Estragon in 1 EL Öl unter Rühren bei schwacher Hitze ca. 5 Min. braten.

4 Den Lauch in ein Sieb abgießen und abtropfen lassen. Die Petersilienzweige entfernen. Den Lauch mit den Speckwürfeln in eine Schüssel geben. Das restliche Öl und den Zitronensaft darüber träufeln, pfeffern und evtl. noch salzen. Den Lauch einmal vorsichtig wenden, die Zwiebel-Estragon-Mischung darüber geben. Zimmerwarm servieren.

aus Sizilien Gebratene Kräuteroliven

Für 4 Personen:
3 Knoblauchzehen
250 g schwarze Oliven
1 Zweig frischer Oregano (oder 1–2 TL getrockneter)
3 EL Olivenöl
6 EL Weißweinessig
Pfeffer

Zubereitungszeit: ca. 15 Min.
Pro Portion: ca. 145 kcal

1 Den Knoblauch schälen und in dünne Scheibchen schneiden. Die Oliven kalt abspülen, abtropfen lassen und trockentupfen. Den Oregano waschen und trockenschütteln, die Blättchen abzupfen.

2 Das Olivenöl mit dem Knoblauch in einer beschichteten Pfanne sanft erhitzen. Die Oliven einrühren und bei schwacher Hitze unter ständigem Rühren ca. 3 Min. braten. Die Hälfte der Oreganoblättchen einstreuen.

3 Den Weißweinessig und 2–3 EL Wasser angießen. Alles einmal aufkochen und den Sud zur Hälfte eindampfen lassen.

4 Den restlichen Oregano unter die Oliven mischen, mit Pfeffer würzen. Die Oliven heiß aus der Pfanne servieren. Dazu schmeckt knuspriges Weißbrot.

Klassiker

Gebratene Paprikaschoten

Für 4 Personen:
je 2 rote und gelbe große Paprikaschoten (ca. 600 g)
1 Bund glatte Petersilie
4 Knoblauchzehen
2 Sardellenfilets (aus dem Glas)
Salz
Außerdem:
Olivenöl zum Beträufeln

Zubereitungszeit: ca. 1 Std.
Marinierzeit: ca. 6 Std.
Pro Portion: ca. 110 kcal

1 Den Backofen auf 210° vorheizen. Die Paprika waschen, längs halbieren und putzen. Mit den Schnittstellen nach unten auf ein Backblech legen und im heißen Backofen (Mitte, Umluft 190°) ca. 20 Min. braten, bis die Haut dunkel wird und Blasen wirft.

2 Inzwischen die Petersilie waschen und trockenschütteln, die Blättchen abzupfen und fein hacken. Den Knoblauch schälen und sehr fein hacken. Die Sardellenfilets kalt abspülen, trockentupfen und ebenfalls fein hacken.

3 Die Paprikahälften aus dem Ofen nehmen, mit einem feuchten Küchentuch bedeckt kurz abkühlen lassen, dann jeweils die Haut abziehen. Die Paprika in 2–3 cm breite Streifen schneiden.

4 Die Paprikastreifen in eine Schüssel schichten, dabei jede Schicht leicht salzen, mit Petersilie, Knoblauch und Sardellen bestreuen und mit Olivenöl beträufeln. Über die letzte Schicht so viel Olivenöl gießen, dass das Gemüse bedeckt ist. Zugedeckt im Kühlschrank mindestens 6 Std. marinieren. Die Paprika zimmerwarm servieren.

1

2

3

für Gäste **Gefüllte Artischocken**

(im Bild hinten)

Für 4 Personen:
2 Zitronen
8 junge, fleischige Artischocken
1 Bund glatte Petersilie / 4 Knoblauchzehen
175 g durchwachsener Räucherspeck ohne Schwarte
Salz / Pfeffer / 125 ml Olivenöl
6 EL trockener Weißwein

Zubereitungszeit: ca. 1 Std.
Schmorzeit: ca. 50 Min.
Pro Portion: ca. 495 kcal

1 1 Zitrone auspressen, den Saft in einen Topf mit reichlich kaltem Wasser gießen. Von den Artischocken welke und harte Außenblätter entfernen. Die Stiele kürzen. Mit einer Küchenschere das obere Drittel der Blätter abschneiden. Die Artischocken sofort in das Zitronenwasser legen. Dann darin bei mittlerer Hitze ca. 10 Min. kochen lassen.

2 Inzwischen die Petersilie waschen und trockenschütteln, die Blättchen fein hacken. Den Knoblauch schälen. Knoblauch und Speck fein hacken und mit der Petersilie vermengen.

3 Die Artischocken herausnehmen, abkühlen lassen und trockentupfen. Die Blätter auseinander biegen und das »Heu« in der Mitte entfernen **(Step 1)**. Die Speckmischung in der Mitte und zwischen den Artischockenblättern verteilen **(Step 2)**. Den Backofen auf 190° vorheizen.

4 Die Artischocken aufrecht in einen feuerfesten Schmortopf setzen **(Step 3)**. Der Topf sollte so groß sein, dass die Früchte gerade nebeneinander hineinpassen. Mit Salz und reichlich Pfeffer würzen. Mit dem Olivenöl beträufeln. Den Topfdeckel auflegen.

5 Die Artischocken im heißen Backofen (Mitte, Umluft 170°) ca. 15 Min. garen. Dann den Weißwein angießen und die Artischocken im Ofen in 25–35 Min. fertig schmoren. Sie sind gar, wenn sich die Blätter leicht herausziehen lassen. Die übrige Zitrone waschen, achteln und zu den Artischocken servieren.

ganz einfach **Tomaten mit Bröselhaube**

(im Bild vorne)

Für 4 Personen:
8 kleine Tomaten
1 Bund Rucola
2 Knoblauchzehen
50 g Semmelbrösel
50 g Parmesan, frisch gerieben
6 EL Olivenöl
Salz / Pfeffer

Zubereitungszeit: ca. 20 Min.
Backzeit: ca. 30 Min.
Pro Portion: ca. 245 kcal

1 Die Tomaten waschen und halbieren, dabei die Stielansätze entfernen. Die Tomatenhälften mit den Schnittflächen nach oben auf ein Backblech legen. Den Backofen auf 200° vorheizen.

2 Die Rucola putzen, waschen und gründlich trockenschütteln. Die Rucola fein hacken und in eine Schüssel geben. Den Knoblauch schälen und dazupressen. Die Semmelbrösel, den Parmesan und das Olivenöl dazugeben und alles gut vermengen.

3 Die Tomaten salzen und pfeffern und mit der Bröselmasse bedecken. Die Bröselmasse leicht andrücken. Die Tomaten im heißen Backofen (Mitte, Umluft 180°) 25–30 Min. backen, bis sie schön gebräunt sind. Abkühlen lassen und servieren.

super vorzubereiten
Überbackener Fenchel

(im Bild hinten)

Für 4 Personen:
4 Fenchelknollen (je ca. 200 g) | Salz
1 Zwiebel | 2 Knoblauchzehen
5 Zweige Basilikum
1 Dose geschälte Tomaten (400 g)
3 EL Butter | Pfeffer
500 g gemischtes Hackfleisch
2 Eier | 2 EL Semmelbrösel
4 EL geriebener Parmesan | 200 g Sahne
Außerdem:
Fett für die Form

Zubereitungszeit: ca. 1 Std.
Backzeit: ca. 20 Min.
Pro Portion: ca. 700 kcal

1 Den Fenchel waschen und putzen, die harten äußeren Teile entfernen. Das Fenchelgrün fein hacken, beiseite legen. Die Knollen vierteln und in kochendem Salzwasser in ca. 20 Min. knapp gar kochen. Abgießen und gut abtropfen lassen.

2 Inzwischen die Zwiebel schälen und in feine Ringe schneiden. Knoblauch schälen und fein hacken. Basilikum waschen und trockenschütteln, die Blättchen fein hacken. Tomaten leicht abtropfen lassen. Zwiebel und Knoblauch in 1 EL Butter glasig dünsten. Basilikum und Tomaten dazugeben, salzen und pfeffern. Alles zugedeckt bei mittlerer Hitze ca. 15 Min. schmoren, dann die Sauce durch ein Sieb streichen.

3 Das Hackfleisch mit den Eiern, den Semmelbröseln, 2 EL Parmesan, Salz und Pfeffer gut vermengen. Den Backofen auf 200° vorheizen. Eine flache, feuerfeste Form einfetten.

4 Die Hälfte des Fenchels in die Form geben. Die Fleischmasse darüber verteilen. Mit der Hälfte der Sahne begießen, mit 1 EL Parmesan bestreuen. Restlichen Fenchel einschichten. Restlichen Parmesan einstreuen. Die Tomatensauce und die restliche Sahne darüber gießen. Übrige Butter in Flöckchen darauf verteilen. Im heißen Ofen (Mitte, Umluft 180°) ca. 20 Min. überbacken. Mit Fenchelgrün bestreut servieren.

preiswert
Mangoldfrittata

(im Bild vorne)

Für 4 Personen:
1 kg Mangold | Salz
125 g altbackenes Weißbrot | 2 Knoblauchzehen
6 Eier | 100 g Parmesan, frisch gerieben
1 Msp. getrockneter Majoran
Pfeffer | 6 EL Olivenöl

Zubereitungszeit: ca. 45 Min.
Pro Portion: ca. 465 kcal

1 Den Mangold putzen, waschen und in reichlich kochendem Salzwasser bei schwacher Hitze 15–20 Min. garen. Das Brot entrinden, das Innere kurz in Wasser einweichen und gut ausdrücken. Den Knoblauch schälen und fein hacken.

2 Den Mangold abgießen, abtropfen und abkühlen lassen. Die Eier leicht verquirlen, Brot, Knoblauch, Käse, Majoran, Salz und Pfeffer unterrühren. Den Mangold gut ausdrücken, in feine Streifen schneiden und gründlich untermischen.

3 In einer großen beschichteten Pfanne 3 EL Öl erhitzen, die Eiermischung hineingießen und bei schwacher Hitze stocken lassen. Mit einem Kochlöffel die Frittata vom Pfannenrand lösen, die Pfanne leicht rütteln. Sobald die Unterseite goldbraun ist, die Frittata auf einen Teller gleiten lassen und mit Hilfe eines zweiten Tellers wenden (s. S. 54). Das restliche Öl in der Pfanne erhitzen. Die Frittata gewendet in die Pfanne gleiten lassen und bei schwacher Hitze fertig backen. Lauwarm oder kalt servieren.

kräuterwürzig Eingelegte Zucchini

(im Bild links)

Für 4 Personen:
500 g kleine Zucchini
Salz
Pfeffer
1/2 Bund frische Minze
1/2 Bund Basilikum
1/2 Bund glatte Petersilie
3 Knoblauchzehen
100 ml Weinessig
Außerdem:
Olivenöl zum Frittieren

Zubereitungszeit: ca. 20 Min.
Marinierzeit: ca. 4 Std.
Pro Portion: ca. 165 kcal

1 Die Zucchini waschen, putzen und in ca. 1/2 cm dicke Scheiben schneiden. Mit Salz bestreuen und kurz Wasser ziehen lassen. Mit Küchenpapier trockentupfen.

2 Reichlich Olivenöl in einem Topf oder in der Fritteuse erhitzen. Es ist heiß genug, wenn an einem hineingehaltenen Holzlöffelstiel Bläschen aufsteigen. Die Zucchini darin portionsweise hellbraun frittieren. Herausnehmen und auf Küchenpapier entfetten. Die Zucchini auf einer großen Platte anrichten. Mit Salz und Pfeffer würzen.

3 Die Kräuter waschen und trockenschütteln, die Blättchen abzupfen und fein hacken. Den Knoblauch schälen und ebenfalls fein hacken. Kräuter und Knoblauch mischen, die eine Hälfte mit dem Essig verrühren und über die Zucchini träufeln. Die andere Hälfte darüber streuen. Die Zucchini zugedeckt im Kühlschrank 3–4 Std. marinieren. Ca. 15 Min. vor dem Servieren aus dem Kühlschrank nehmen.

super vorzubereiten Süß-saure Möhren

(im Bild rechts)

Für 4 Personen:
500 g junge, zarte Möhren
125 ml trockener Weißwein
125 ml Weißweinessig
2 Knoblauchzehen
1 EL Zucker
4 EL Olivenöl
Salz
Pfeffer
1 frisches Kräutersträußchen aus Rosmarin, glatter Petersilie, Minze und Lorbeer
1 Bund Basilikum

Zubereitungszeit: ca. 25 Min.
Garzeit: ca. 15 Min.
Marinierzeit: ca. 24 Std.
Pro Portion: ca. 160 kcal

1 Die Möhren waschen, putzen und schräg in ca. 2 cm dicke Scheiben schneiden. Mit 125 ml Wasser, dem Wein und dem Essig in einen Topf geben und schwach erhitzen. Den Knoblauch schälen, halbieren und mit dem Zucker, dem Öl, Salz und Pfeffer unterrühren. Das Kräutersträußchen waschen und dazugeben. Die Möhren zugedeckt bei schwacher Hitze 10–15 Min. garen.

2 Die Möhren etwas abkühlen lassen. Knoblauch und Kräuter entfernen. Die Möhren in ein Sieb abgießen, den Sud dabei auffangen. Die Möhren in eine Schüssel geben. Den Sud durch ein feines Sieb gießen und die Möhren damit beträufeln. Zugedeckt im Kühlschrank mindestens 24 Std. marinieren.

3 Vor dem Servieren das Basilikum waschen und trockenschütteln, die Blättchen abzupfen und in feine Streifen schneiden. Die Möhren damit bestreuen.

ganz einfach **Eingelegter Mozzarella**

Für 1 Twist-off-Glas (ca. 350 ml Inhalt):
150 g kleine Mozzarella-Kugeln
3 Knoblauchzehen | 2 kleine rote Zwiebeln
6 kleine, frische rote Chilischoten
je 4 Zweige frischer Rosmarin und Majoran
ca. 200 ml Olivenöl
Salz | Pfeffer

Zubereitungszeit: ca. 30 Min.
Marinierzeit: ca. 2 Tage
Haltbarkeit: ca. 1 Woche
(kühl und dunkel aufbewahrt, mit Öl bedeckt)
Pro Glas: ca. 550 kcal

1 Die Mozzarella-Kugeln halbieren. Den Knoblauch schälen und in feine Stifte schneiden. Die Zwiebeln schälen und in Streifen schneiden. Die Chilis waschen, längs aufschlitzen und entkernen. 2 Schoten in feine Ringe schneiden.

2 Den Mozzarella, den Knoblauch, die Zwiebeln, die ganzen Chilis und die Chiliringe in das vorbereitete Glas schichten (s. Tipp S. 121).

3 Rosmarin und Majoran waschen und trockenschütteln, Nadeln und Blättchen fein hacken. Die Kräuter mit dem Öl verrühren, mit Salz und Pfeffer kräftig würzen. Die Marinade über den Mozzarella gießen, so dass alles mit Öl bedeckt ist. Das Glas gut verschließen und den Käse mindestens 2 Tage an einem kühlen Ort marinieren. Zimmerwarm servieren.

Clever genießen

Stellen Sie den **Mozzarella** zum Marinieren besser nicht in den Kühlschrank, denn Olivenöl kann bei Kühlschranktemperatur flockig werden. Bei Zimmertemperatur wird das Öl aber wieder flüssig, ohne etwas von seiner Qualität einzubüßen.

macht was her

Marinierte Seezunge

Für 4 Personen:
2 EL Sultaninen
2 mittelgroße Möhren
1–2 Stangen Staudensellerie
1 Zwiebel
600 g Seezungenfilet
Salz / Pfeffer
1 gehäufter EL Mehl
ca. 125 ml Olivenöl
2 Lorbeerblätter
2 EL Pinienkerne
1/4 l trockener Weißwein
1/4 l milder Weißweinessig

Zubereitungszeit: ca. 1 Std.
Marinierzeit: ca. 2 Tage
Pro Portion: ca. 445 kcal

1 Die Sultaninen ca. 15 Min. in lauwarmem Wasser einweichen. Inzwischen die Möhren putzen und schälen, den Sellerie waschen und putzen. Die Möhren und den Sellerie in dünne Scheibchen schneiden. Die Zwiebel schälen und in dünne Ringe schneiden.

2 Den Fisch salzen, pfeffern und mit dem Mehl bestauben. 5 EL Öl in einer großen beschichteten Pfanne erhitzen, die Fischfilets darin bei starker Hitze auf beiden Seiten goldbraun braten. Herausnehmen und auf Küchenpapier entfetten. Die Sultaninen abgießen und gut abtropfen lassen.

3 Das restliche Öl in der Pfanne erhitzen. Die Möhren, den Sellerie und die Zwiebel mit dem Lorbeer darin unter Rühren bei mittlerer Hitze bissfest garen, mit Salz würzen. Den Fisch in eine Schüssel schichten, dabei jede Schicht mit etwas Gemüse, Sultaninen und Pinienkernen belegen.

4 Wein und Essig in die Pfanne gießen, bei starker Hitze auf die Hälfte einkochen lassen. Über den Fisch gießen. Ganz abkühlen lassen und zugedeckt im Kühlschrank 2 Tage marinieren. Zimmerwarm servieren.

1

2

3

macht was her **Meeresfrüchtesalat**

Für 4 Personen:
1 Zwiebel
1 Möhre
400 g küchenfertige Tintenfische in Ringen (frisch oder tiefgekühlt und aufgetaut)
1 Lorbeerblatt
3 Gewürznelken
125 ml trockener Weißwein
4 EL Weißweinessig
750 g Miesmuscheln
1–2 Knoblauchzehen
1 Bund glatte Petersilie
2 Zitronen
6–8 EL Olivenöl
Salz
Cayennepfeffer
250 g gegarte geschälte Garnelen
Außerdem:
1 Mulltuch für die Tintenfische

Zubereitungszeit: ca. 1 Std. 15 Min.
Marinierzeit: ca. 1 Std.
Pro Portion: ca. 240 kcal

1 Die Zwiebel schälen. Die Möhre putzen und schälen. Die Zwiebel und die Möhre in Scheiben schneiden. Die Tintenfischringe kalt abspülen.

2 Die Zwiebel, die Möhre, das Lorbeerblatt und die Gewürznelken in einen Topf geben. Den Wein und den Essig angießen. Die Tintenfische in das Mulltuch binden und in den Topf legen. Die Tintenfische zugedeckt bei schwacher Hitze in 50–60 Min. weich garen.

3 Inzwischen die Muscheln unter fließendem kaltem Wasser gut bürsten und entbarten **(Step 1)**. Bereits offene Muscheln wegwerfen.

4 Die Muscheln in einen Topf geben. 1/4 l Wasser angießen und die Muscheln zugedeckt bei starker Hitze garen, bis sich die Schalen geöffnet haben **(Step 2)**. Dann die Muscheln herausnehmen und das Muschelfleisch aus den Schalen lösen **(Step 3)**. (Muscheln, die sich beim Kochen nicht geöffnet haben, wegwerfen.)

5 Den Knoblauch schälen und fein hacken. Die Petersilie waschen und trockenschütteln, die Blättchen abzupfen und ebenfalls fein hacken. 1 Zitrone auspressen. Den Zitronensaft mit dem Knoblauch, der Petersilie, dem Olivenöl, Salz, 1 Prise Cayennepfeffer und 1 EL Tintenfisch-Kochsud zu einer pikanten Marinade verrühren.

6 Die Garnelen kalt abspülen und gründlich trockentupfen. Die gegarten Tintenfische aus dem Sud heben, aus dem Mulltuch nehmen und in einem Sieb gut abtropfen lassen. Die Tintenfischringe, das Muschelfleisch und die Garnelen in einer Schüssel mischen. Die Marinade darüber träufeln und unterrühren.

7 Den Salat zugedeckt mindestens 1 Std. kalt stellen. Die übrige Zitrone waschen und vierteln. Den Salat zimmerwarm mit den Zitronenvierteln servieren.

Clever einkaufen
Wählen Sie beim Einkauf der Tintenfische kleine Exemplare, am besten **Sepia** oder **Kalmare**, sie haben das zarteste Fleisch.

Getränk
Ob im oder zum Salat: Ein leichter, säurebetonter **Weißwein** – z. B. ein italienischer Bianco di Custoza – passt in beiden Fällen am besten.

für Gäste Überbackene Muscheln

(im Bild hinten)

Für 4 Personen:
24 möglichst große Miesmuscheln
1 Zwiebel | 2 Knoblauchzehen
1 kleines Bund Basilikum
100 g Champignons
75 g Parmesan, frisch gerieben
50 g Semmelbrösel
Salz | Pfeffer
5 EL Olivenöl
Außerdem:
Olivenöl zum Beträufeln

Zubereitungszeit: ca. 45 Min.
Pro Portion: ca. 315 kcal

1 Die Muscheln unter fließendem kaltem Wasser gut bürsten und entbarten. Bereits offene Muscheln wegwerfen. Die Muscheln in einen großen Topf geben. 125 ml Wasser angießen und die Muscheln zugedeckt bei starker Hitze garen, bis sich die Schalen geöffnet haben (s. S. 44). Die Muscheln herausnehmen und die leeren Schalenhälften abbrechen. (Muscheln, die sich beim Kochen nicht geöffnet haben, wegwerfen.)

2 Die Zwiebel und den Knoblauch schälen und fein hacken. Das Basilikum waschen und trockenschütteln, die Blättchen fein hacken. Die Pilze putzen, trocken abreiben und fein würfeln. Den Backofen auf 230° vorheizen.

3 Zwiebel, Knoblauch, Basilikum und Pilze mit dem Parmesan und den Semmelbröseln in einer Schüssel gut vermischen, salzen und pfeffern. 5 EL Olivenöl dazugießen, alles zu einer Paste verrühren. Die Muscheln mit der Paste füllen, so dass das Fleisch bedeckt ist. Die gefüllten Muschelhälften auf ein Backblech setzen, mit Olivenöl beträufeln und im heißen Backofen (oben, Umluft 210°) ca. 5 Min. überbacken.

pikant Kabeljau mit Tomatensugo

(im Bild vorne)

Für 4 Personen:
4 Kabeljaufilets (je ca. 150 g)
Salz
Pfeffer
2 Bund glatte Petersilie
2 Lorbeerblätter
6–7 EL Olivenöl
1 kg vollreife Tomaten
2 Knoblauchzehen
6 Sardellenfilets (aus dem Glas)

Zubereitungszeit: ca. 45 Min.
Marinierzeit: ca. 2 Std.
Pro Portion: ca. 285 kcal

1 Die Kabeljaufilets salzen und pfeffern. Die Petersilie waschen und trockenschütteln, die Blättchen abzupfen und fein hacken. Die Lorbeerblätter grob zerkleinern. Die Petersilie und den Lorbeer mit 5 EL Olivenöl verrühren. Den Fisch damit bestreichen und 2 Std. marinieren. Ab und zu wenden.

2 Die Tomaten mit kochendem Wasser überbrühen, häuten und klein würfeln, dabei die Kerne und Stielansätze entfernen. Den Knoblauch schälen und fein hacken. Die Sardellenfilets kalt abspülen, trockentupfen und ebenfalls fein hacken.

3 Das restliche Öl erhitzen, den Knoblauch und die Sardellen darin bei mittlerer Hitze kurz anbraten, dann die Tomaten dazugeben. Alles salzen und pfeffern und offen bei schwacher Hitze dicklich einkochen lassen.

4 Die Lorbeerstücke aus der Marinade nehmen. Den Fisch mit der Marinade in einer beschichteten Pfanne bei mittlerer Hitze auf jeder Seite ca. 5 Min. garen. Mit dem Tomatensugo servieren.

Klassiker **Vitello tonnato**

(im Bild vorne)

Für 4–6 Personen:
600 g Kalbfleisch (aus der Nuss)
3/4 l trockener Weißwein
1 Stange Staudensellerie | 1 Möhre | 1 Zwiebel
1 Lorbeerblatt | 2 Gewürznelken | Salz
150 g naturell eingelegter Tunfisch (aus der Dose)
3 Sardellenfilets (aus dem Glas)
2 ganz frische Eigelbe
3 EL Kapern (aus dem Glas)
Saft von 1/2 Zitrone | 2 EL Weißweinessig
200 ml Olivenöl | Pfeffer

Zubereitungszeit: ca. 45 Min.
Marinierzeit: ca. 24 Std.
Garzeit: ca. 1 Std.
Kühlzeit: ca. 4 Std.
Bei 6 Personen pro Portion: ca. 350 kcal

1 Das Fleisch in einen Topf geben, Wein angießen. Sellerie und Möhre waschen und putzen, die Zwiebel schälen. Alles grob zerteilen, mit Lorbeer und Nelken zum Fleisch geben. Zugedeckt 24 Std. marinieren, ab und zu wenden. Am nächsten Tag so viel Wasser angießen, dass das Fleisch knapp bedeckt ist. Aufkochen lassen und 1 TL Salz einstreuen. Das Fleisch offen bei schwacher Hitze knapp 1 Std. garen. Im Sud abkühlen lassen.

2 Den Tunfisch abtropfen lassen. Die Sardellen kalt abspülen, trockentupfen und klein schneiden. Tunfisch und Sardellen mit Eigelben, 2 EL Kapern, Zitronensaft und Essig fein pürieren, nach und nach einige EL Kalbssud und das Öl einfließen lassen. Alles sämig verrühren, salzen und pfeffern.

3 Das Fleisch in möglichst dünne Scheiben schneiden, auf einer Platte anrichten, mit der Tunfischsauce beträufeln. Zugedeckt 3–4 Std. kalt stellen. Mit den restlichen Kapern bestreut servieren.

fürs Büfett **Tunfischpastete**

(im Bild hinten)

Für 4 Personen:
100 g TK-Erbsen | Salz | 2 ganz frische Eigelbe
2 Msp. Zucker | Pfeffer | 1 TL mittelscharfer Senf
3 EL Zitronensaft | 1/4 l Olivenöl
400 g Tunfisch in Öl (aus der Dose)
1 Bund glatte Petersilie | 2 hart gekochte Eier
2 EL Kapern (aus dem Glas)
Außerdem:
Olivenöl zum Bestreichen

Zubereitungszeit: ca. 1 Std.
Kühlzeit: ca. 3 Std.
Pro Portion: ca. 765 kcal

1 Die Erbsen in Salzwasser ca. 5 Min. garen, abgießen und abtropfen lassen. Die Eigelbe mit 1 Prise Salz, dem Zucker, etwas Pfeffer, dem Senf und 1/2 TL Zitronensaft schaumig rühren. Das Öl erst tropfenweise, dann in dünnem Strahl unterschlagen, bis eine cremige Mayonnaise entsteht. Unter Rühren restlichen Zitronensaft dazugießen. Salzen und pfeffern, kalt stellen (s. Tipp S. 69).

2 Den Tunfisch gut abtropfen lassen. Mit einer Gabel zerdrücken, dann zu einer Paste verrühren. Die Petersilie waschen, die Blättchen fein hacken. Mit der Hälfte der Mayonnaise und drei Vierteln der Erbsen unter den Tunfisch mischen.

3 Eine Kastenform mit Backpapier auskleiden, das Papier mit Öl bestreichen, die Tunfischmasse einfüllen. Die Form einige Male auf die Tischplatte schlagen, damit Luftblasen entweichen können. Die Oberfläche glatt streichen. Mit geöltem Papier abdecken und 3 Std. kalt stellen.

4 Die Pastete auf eine Platte stürzen, das Papier abziehen. Die Pastete mit den restlichen Erbsen bestreuen. Die Eier pellen und vierteln. Die Eier und die Kapern um die Pastete verteilen. Mit der restlichen Mayonnaise servieren.

für Gäste # Carpaccio

Für 4 Personen:
250 g Rinderfilet am Stück
Salz
2–3 EL Zitronensaft
4 EL Olivenöl
weißer Pfeffer
50 g junger Parmesan am Stück
1 Zitrone
1/2 Bund glatte Petersilie
schwarzer Pfeffer aus der Mühle

Zubereitungszeit: ca. 30 Min.
Gefrierzeit: ca. 1 Std.
Pro Portion: ca. 215 kcal

1 Das Fleisch in Frischhaltefolie wickeln und 1 Std. ins Tiefkühlfach legen. Dann das Fleisch auspacken, in hauchdünne Scheiben schneiden und auf vier Teller verteilen.

2 Etwas Salz in dem Zitronensaft auflösen, das Öl dazugießen und kräftig rühren, bis sich alles verbunden hat, mit Pfeffer würzen. Die Marinade gleichmäßig über das Fleisch träufeln. Die Teller mit Frischhaltefolie bedeckt 5–10 Min. stehen lassen.

3 Von dem Parmesan mit einem Sparschäler hauchdünne Späne abziehen und auf dem Fleisch verteilen. Die Zitrone waschen und achteln. Die Petersilie waschen und trockenschütteln. Den Carpaccio mit den Zitronenachteln und Petersilienzweigen garnieren. Die Pfeffermühle beim Servieren mit auf den Tisch stellen.

Variante mit Rucola

Für 4 Portionen 250 g **Rinderfilet** am Stück wie beschrieben 1 Std. ins Tiefkühlfach legen. 1 EL Pinienkerne in einer beschichteten Pfanne ohne Fett bei mittlerer Hitze goldgelb rösten. 1 großes Bund **Rucola** putzen, waschen, trockenschütteln und auf vier Teller verteilen. Die Rucola mit wenig Olivenöl beträufeln. Das Fleisch auspacken, in hauchdünne Scheiben schneiden und auf den Rucola verteilen. 4–5 EL Olivenöl darüber träufeln, leicht salzen und pfeffern. Mit den Pinienkernen bestreuen. 1 Zitrone waschen, achteln und dazuservieren.

Variante mit Schinken

Für 4 Portionen aus 1 Stück **Honigmelone** (ca. 200 g) die Kerne herauskratzen, die Melone schälen und sehr klein würfeln. Von 1/2 gewaschenen unbehandelten Zitrone die Schale abreiben und den Saft auspressen. 1 TL eingelegte grüne Pfefferkörner (aus dem Glas) grob hacken. Die Melone mit dem Pfeffer, der Zitronenschale und 2–3 TL Zitronensaft mischen und leicht salzen. 1 EL Pinienkerne in einer beschichteten Pfanne ohne Fett bei mittlerer Hitze goldgelb rösten. 1/2 Bund Rucola putzen, waschen, trockenschütteln und auf vier Teller verteilen. Von 8 Scheiben roh geräuchertem **Schinken** den Fettrand entfernen, den Schinken in Stücke schneiden und auf den Rucola verteilen. Mit den Melonenwürfelchen und Pinienkernen bestreuen und mit 2 EL Olivenöl beträufeln.

Variante mit Fisch

Für 4 Portionen je 200 g frisches **Tunfisch- und Lachsfilet** einzeln in Frischhaltefolie wickeln und 20 Min. ins Tiefkühlfach legen. 2 Stangen **Staudensellerie** waschen, die Blättchen abzupfen und beiseite legen. Die Stangen in feine Scheibchen schneiden und in 3 EL Olivenöl und 2 EL Zitronensaft marinieren. 3 EL Olivenöl auf vier Teller streichen, leicht mit Salz bestreuen und mit 2 EL Zitronensaft beträufeln. Den Fisch auspacken, in hauchdünne Scheiben schneiden und auf die Teller legen. Die Selleriescheiben und -blättchen samt Marinade auf dem Fisch verteilen. Salz und grob gemahlenen schwarzen Pfeffer darüber streuen. Sofort servieren.

Tapas

Wo Bierdeckel essbar sind

Was bei uns der Bierdeckel ist, ist in Spanien die »tapa«. Denn »tapa« heißt nichts anderes als Deckel und wurde – so die glaubhafteste Version zur Entstehungsgeschichte – den Gästen einer Bar beispielsweise in Form einer Scheibe »chorizo« (Paprikawurst), »jamon« (Schinken) oder »queso« (Käse) serviert, um damit das Glas abzudecken und so das darin befindliche Getränk vor hineinfallenden Fliegen zu schützen. Im Laufe der Zeit wichen die essbaren Deckel dann kleinen Tellerchen – vielleicht, weil Erstere viel zu lecker waren, um lange der Fliegenabwehr zu dienen? Die kleinen Teller jedenfalls sind geblieben, doch die Palette dessen, was man darauf findet, ist mittlerweile riesig und reicht von klassisch-einfachen Tapas wie den genannten bis hin zu kulinarischen Mini-Kunstwerken. Im bunten Mix auf einem Büfett vereint, haben sie heute nur noch eine Funktion: genüsslich verzehrt zu werden!

Die Tapas-Bar zu Hause

Wie jedes Büfett »lebt« auch die **Tapas-Tafel** von einer spannenden Zusammenstellung der Gerichte. Diese sollten sich nicht nur hinsichtlich der verwendeten Zutaten unterscheiden, sondern auch in der Zubereitungsart und nicht zuletzt in der Form, in der sie daherkommen: Vegetarisches zu Fleischgerichten, Eingelegtes zu Gebratenem, Würfel zu Kugeln – mit dieser Vielfalt machen Sie neugierig auf den Tapas-Trip. Über diese Stationen kann er führen:

Tortillawürfel (S. 55), **Pipirrana** (S. 61) oder **Möhrensalat** (S. 63), **Olivenbrote** (S. 66) oder **Knoblauchbrote** (S. 69), **Eingelegte Sardellen** (S. 73), **Speckpflaumen** (S. 74), **Pikante Fleischkugeln** (S. 77) oder **Hähnchenkroketten** (S. 79), **Spinatwürfel** (S. 81) oder **Gefüllte Pilze** (S. 82), **Sherryzwiebelchen mit Oliven** (S. 85)

Zusätzlich können Sie auch Chorizo, Manchego (s. S. 6), Oliven und Salzmandeln anbieten. Als **Getränk** ist ein gekühlter trockener Sherry (Fino, s. S. 6) bestens geeignet. Sie können aber auch zum Shaker greifen und den Sherry-Mandel-Drink von Seite 12 kredenzen. Oder Ihren Gästen einen spanischen Weiß- oder Rotwein anbieten. Für welche Variante Sie sich auch immer entscheiden, reichlich Mineralwasser zum Durstlöschen gehört unbedingt dazu. Rechnen Sie pro Person mit ca. 2 Flaschen.

Clever einkaufen – Bezugsadressen

Hier können Sie spanische Spezialitäten und Weine online bestellen:
www.agapes.com – **www.espagna.de**
www.genuss-aus-spanien.de
www.jamon.de – **www.spanien-shop.de**

Büfett Olé!

In spanischen Tapas-Bars geht es in der Regel schlicht zu. Gleiches sollte für Ihr Büfett gelten, denn die Tapas selbst sind schon ein Augenschmaus. Am besten richten Sie sie in bzw. auf schlichten, braunen Tonschüsselchen und -tellerchen an. Vergessen Sie nicht, ausreichend Holz- oder gelbe und rote Plastikspießchen – am besten in transparenten Bechergläsern – bereitzustellen, mit denen Häppchen wie Tortillawürfel oder Hähnchenkroketten gegessen werden können. Mit der Tischdecke können Sie es ganz schlicht und in Weiß halten. Oder Sie verwenden rote und gelbe Stoffbahnen und legen diese in Anlehnung an die spanische Flagge über den Tisch. Für die Olé-Optik: Lösen Sie das Etikett von einer leeren Osborne-Sherry-Flasche ab und lassen Sie es im Copyshop in der Anzahl vergrößert kopieren, in der Sie Tapas anbieten. Auf festeren Karton kleben und das Stiermotiv ausschneiden. Dieses mit einem Goldfilzstift jeweils mit dem Namen der Tapa beschriften, in einen Kartenhalter stecken und zum Gericht dazustellen.

Tapas mit Kartoffeln

Klassiker **Tortillawürfel**

Für 4 Personen:
300 g kleine, vorwiegend fest kochende Kartoffeln
1 große Zwiebel
1 rote Paprikaschote
5 EL Olivenöl
Salz
Pfeffer
6 Eier
Außerdem:
20 Holz- oder Plastikspießchen

Zubereitungszeit: ca. 1 Std.
Pro Portion: ca. 295 kcal

1 Die Kartoffeln schälen, waschen und in dünne Scheiben hobeln. Die Zwiebel schälen und in dünne Ringe hobeln. Die Paprika waschen, putzen und sehr klein würfeln.

2 2 EL Öl in einer großen beschichteten Pfanne erhitzen, die Kartoffeln mit den Zwiebeln darin unter ständigem Wenden bei mittlerer Hitze in ca. 15 Min. weich braten. Die Paprika dazugeben und ca. 3 Min. mitbraten. Das Gemüse mit je 1 TL Salz und Pfeffer würzen, vom Herd nehmen und etwas abkühlen lassen.

3 Die Eier in einer großen Schüssel verquirlen, das Gemüse untermischen. 2 weitere EL Öl in der Pfanne erhitzen. Die Eier-Gemüse-Mischung hineingießen und bei schwacher Hitze stocken lassen. Damit nichts ansetzt, die Tortilla mit einem Kochlöffel vom Pfannenrand lösen, die Pfanne leicht rütteln. Sobald die Unterseite goldbraun ist, die Tortilla auf einen Teller gleiten lassen **(Step 1)** und mit Hilfe eines zweiten Tellers wenden **(Step 2)**.

4 Das restliche Öl in der Pfanne erhitzen, die Tortilla gewendet in die Pfanne gleiten lassen **(Step 3)** und in weiteren 5–7 Min. fertig backen.

5 Die fertige Tortilla auf eine Platte stürzen und in 20 Würfel schneiden. In jeden Würfel ein Holz- oder Plastikspießchen stecken. Nach Belieben mit Mayonnaise servieren.

Stylingtipp

Für noch mehr optisches und geschmackliches Spanienflair: Auf die Tortillawürfel zusätzlich nach Belieben entsteinte **grüne** oder **schwarze Oliven** stecken.

Luxusvariante

Um Gäste zu beeindrucken: **Frühlingsgemüse-Tortillawürfel.** Für 4 Portionen 400 g kleine fest kochende Kartoffeln und 200 g Kohlrabi waschen und schälen, 150 g zarte Möhren waschen und putzen. Kartoffeln, Kohlrabi und Möhren in dünne Scheiben schneiden. 2 EL Olivenöl in einer beschichteten Pfanne erhitzen, die Kartoffelscheiben darin unter Wenden bei mittlerer Hitze ca. 10 Min. braten. Inzwischen 1 kleine Zwiebel schälen und würfeln. 100 g Zuckerschoten waschen und putzen. Die Zwiebel, die Zuckerschoten, den Kohlrabi und die Möhren mit weiteren 2 EL Olivenöl zu den Kartoffeln geben und alles ca. 10 Min. bei mittlerer Hitze weiterbraten. Salzen und pfeffern. 4 große Eier, 2 EL fein gehackte Petersilie, Salz und Pfeffer verquirlen. Die Eiermischung über das gebratene Gemüse gießen und zugedeckt bei schwacher Hitze stocken lassen. Damit die Tortilla nicht ansetzt, die Pfanne leicht rütteln. Sobald die Unterseite goldbraun ist, die Tortilla wie links beschrieben wenden und auf der zweiten Seite ebenfalls goldbraun backen. Die fertige Tortilla auf eine Platte stürzen und in 20 Würfel schneiden. In jeden Würfel ein Holz- oder Plastikspießchen stecken.

schmeckt warm und kalt

Wilde Kartoffeln

(im Bild hinten)

Für 4 Personen:
2 kleine Zwiebeln | 2 Knoblauchzehen
2 Fleischtomaten (ca. 400 g)
1 kleine, frische rote Chilischote | 6 EL Olivenöl
1 EL Tomatenmark
2–3 EL trockener Sherry (Fino)
400 g mittelgroße fest kochende Kartoffeln
Salz | Pfeffer | Cayennepfeffer
1–2 EL Zitronensaft

Zubereitungszeit: ca. 40 Min.
Pro Portion: ca. 220 kcal

1 Für die Sauce die Zwiebeln schälen und klein würfeln, den Knoblauch schälen. Die Tomaten überbrühen, häuten und in kleine Stücke schneiden, dabei die Kerne und Stielansätze entfernen. Die Chilischote waschen.

2 Die Zwiebeln in 4 EL Olivenöl glasig dünsten. Den Knoblauch dazupressen und kurz mitdünsten. Tomaten, Tomatenmark, Sherry und die ganze Chilischote dazugeben. Alles gut durchrühren und offen bei schwacher Hitze in ca. 15 Min. dick einkochen lassen.

3 Die Kartoffeln schälen, waschen und klein würfeln. Das restliche Olivenöl in einer beschichteten Pfanne erhitzen, die Kartoffeln darin bei starker Hitze ca. 5 Min. anbraten. Die Temperatur auf mittlere bis schwache Hitze herunterschalten und die Kartoffeln weitere 15 Min. braten, dabei die Pfanne immer wieder kräftig rütteln und die Kartoffeln vorsichtig wenden, damit sie nicht anbrennen.

4 Die Tomatensauce mit Salz, Pfeffer, Cayennepfeffer und dem Zitronensaft kräftig abschmecken. Die Kartoffeln in die Sauce geben und noch mal kurz erhitzen.

Dipvariante

Die Kartoffeln werden auch mit **Knoblauch-Mayonnaise** »wild«: Für 4 Portionen 2 Eigelbe mit 1 Prise Salz schaumig rühren. 1/4 l Olivenöl erst tropfenweise, dann in dünnem Strahl unterschlagen, bis eine cremige Mayonnaise entstanden ist (s. Tipp S. 69). 4 Knoblauchzehen schälen und dazupressen. Salzen und pfeffern.

kanarische Spezialität

Runzelkartoffeln mit Mojo

(im Bild vorne)

Für 4 Personen:
1 kg kleine fest kochende Kartoffeln
je 1 Zweig frischer Rosmarin und Thymian
Salz | 2 getrocknete Chilischoten
2 Knoblauchzehen
2 TL edelsüßes Paprikapulver
1/2 TL Kreuzkümmelpulver | 4 EL Rotweinessig
6 EL Olivenöl | 2–3 EL grobes Meersalz

Zubereitungszeit: ca. 35 Min.
Pro Portion: ca. 280 kcal

1 Die Kartoffeln waschen, in einen Topf geben und so viel Wasser angießen, dass sie gut bedeckt sind. Rosmarin und Thymian waschen und mit etwas Salz dazugeben. Die Kartoffeln zugedeckt bei mittlerer Hitze 15–20 Min. garen.

2 Inzwischen für die Sauce die Chilis längs aufschlitzen, entkernen und klein schneiden. Den Knoblauch schälen und in grobe Stücke schneiden. Chilis und Knoblauch mit 1/2 TL Salz, den Gewürzen und dem Essig fein pürieren. Das Öl nach und nach dazugeben, alles gut vermischen.

3 Kartoffelwasser abgießen, Kartoffeln im Topf nochmals auf den noch heißen Herd stellen, mit Meersalz bestreuen. Mit einem Küchentuch abdecken, den Deckel auflegen und die Kartoffeln ausdämpfen lassen. Mit dem Mojo servieren.

ganz einfach **Krabbensalat mit Paprika**

Für 4 Personen:
300 g gegarte geschälte Tiefseekrabben
Saft von 1 1/2 Zitronen
Salz
Pfeffer
je 1 grüne und rote Paprikaschote
1 kleine Zwiebel
3 EL Olivenöl

Zubereitungszeit: ca. 15 Min.
Zeit zum Durchziehen: ca. 15 Min.
Pro Portion: ca. 155 kcal

1 Die Krabben in eine Schüssel geben, den Zitronensaft untermischen. Mit Salz und Pfeffer würzen.

2 Die Paprikaschoten waschen und putzen. Die Paprika erst längs in schmale Streifen, dann quer in winzige Würfel schneiden. Die Zwiebel schälen und sehr fein hacken.

3 Die Paprika und die Zwiebel unter die Krabben mischen. Das Olivenöl darüber träufeln. Alles gut durchmischen und nochmals mit Salz und Pfeffer abschmecken. Den Salat zugedeckt im Kühlschrank 15 Min. durchziehen lassen.

Getränk

Zu dem sommerlichen Salat schmeckt ein **spanischer Weißwein**, beispielsweise ein leicht würziger Rueda. Auch **Prickelndes** passt sehr gut: etwa ein fruchtig-leichter Vinho verde aus Portugal oder ein katalanischer Sekt (Cava).

macht was her **Baskischer Lammfleischsalat**

Für 4 Personen:
600 g mageres Lammfleisch (aus der Keule)
1 Stange Lauch | 2 Möhren
Salz | 5 schwarze Pfefferkörner
1 Lorbeerblatt
1 Dose weiße Bohnen (400 g)
1 gelbe Paprikaschote
1 weiße Zwiebel
3 Tomaten
50 g entsteinte grüne Oliven
je 1 Bund glatte Petersilie und Basilikum
4 EL Rotweinessig
Pfeffer | 2 Knoblauchzehen
6–7 EL Olivenöl

Zubereitungszeit: ca. 45 Min.
Kochzeit: ca. 1 Std.
Pro Portion: ca. 645 kcal

1 Das Fleisch in einen Topf geben, mit kaltem Wasser bedecken. Den Lauch putzen, klein schneiden und waschen. Die Möhren putzen, schälen und klein schneiden. Lauch und Möhren mit 1/2 TL Salz, den Pfefferkörnern und dem Lorbeerblatt zum Fleisch geben, alles langsam zum Kochen bringen. Mit halb aufgelegtem Deckel bei schwächster Hitze ca. 1 Std. leise kochen lassen.

2 Die Bohnen abtropfen lassen. Die Paprika waschen, putzen und klein würfeln. Die Zwiebel schälen, halbieren und in Halbringe schneiden. Die Tomaten waschen und würfeln, dabei die Stielansätze entfernen. Die Oliven in Scheibchen schneiden. Die Kräuter waschen und trockenschütteln, die Blättchen fein hacken.

3 Das gegarte Fleisch aus dem Topf nehmen, abkühlen lassen und in dünne Streifen schneiden. (Die Brühe durchsieben und anderweitig verwenden.) Essig, Salz und Pfeffer in einer großen Schüssel verrühren. Den Knoblauch schälen und dazupressen. Das Öl unterrühren. Fleischstreifen, Gemüse und Kräuter untermischen.

Klassiker Pipirrana

Für 4 Personen:
1 kleine Salatgurke
1 Fleischtomate
je 1 rote und grüne Paprikaschote
1 Zwiebel
2 Knoblauchzehen
4 EL Rotweinessig
Salz / Pfeffer
6 EL Olivenöl

Zubereitungszeit: ca. 25 Min.
Zeit zum Durchziehen: ca. 1 Std.
Pro Portion: ca. 160 kcal

1 Die Gurke schälen und längs halbieren. Die Kerne mit einem Teelöffel herauskratzen. Das Fruchtfleisch sehr fein würfeln und in eine Schüssel geben.

2 Die Tomate mit kochendem Wasser überbrühen, häuten und sehr fein würfeln, dabei die Kerne und den Stielansatz entfernen. Die Tomate zu den Gurken in die Schüssel geben.

3 Die Paprika waschen und putzen, ebenfalls sehr fein würfeln und in die Schüssel geben. Zwiebel und Knoblauch schälen und fein hacken. Unter das Gemüse mischen.

4 Den Essig, Salz und Pfeffer verrühren, bis sich das Salz aufgelöst hat. Das Öl mit dem Schneebesen unterrühren, bis eine cremige Sauce entstanden ist. Die Sauce über das Gemüse geben und alles gut mischen. Den Salat zugedeckt im Kühlschrank mindestens 1 Std. durchziehen lassen.

Luxusvariante

Der Sommersalat aus Malaga lässt sich einfach veredeln: Nur die Hälfte des angegebenen Gemüses zubereiten und 300 g gegarte geschälte **Garnelen** oder **Jakobsmuscheln** untermischen.

Backofenvariante

Für heißen Genuss aus dem Ofen: **Paprikatarte à la Pipirrana.** Für 1 Springform von 28 cm Ø 125 g Butter in Flöckchen mit 250 g Mehl, 1 Ei, 2 EL kaltem Wasser und 1 Prise Salz rasch zu einem Teig verkneten. Den Teig zu einer Kugel formen und zugedeckt im Kühlschrank 30 Min. ruhen lassen. Inzwischen 1 große Zwiebel schälen und fein hacken. Je 2 gelbe und rote Paprikaschoten waschen, putzen und klein würfeln. 150 g Zucchini waschen, putzen und grob raspeln. 2 EL Olivenöl in einer beschichteten Pfanne erhitzen und die Zwiebel darin glasig braten. Die Paprika dazugeben und 5 Min. mitbraten. Die Zucchini untermischen und alles mit je 1/2 TL Salz, Pfeffer und edelsüßem Paprikapulver sowie 1 Prise scharfem Paprikapulver abschmecken. Das Gemüse vom Herd nehmen und abkühlen lassen. Die Springform mit Öl einfetten. Den Backofen auf 200° vorheizen. Den Teig auf wenig Mehl ausrollen, die Springform damit auskleiden und den Teigboden mit einer Gabel mehrmals einstechen. 1 Bund glatte Petersilie waschen und trockenschütteln, die Blättchen abzupfen und grob hacken. 2 Eier mit 100 g geriebenem Emmentaler verquirlen, mit der Petersilie unter das Gemüse mischen und alles in die vorbereitete Form füllen. Die Tarte im heißen Backofen (unten, Umluft 180°) 35–40 Min. backen.

ganz einfach **Kohlrabisalat**

Für 4 Personen:

375 ml trockener Weißwein
1 Lorbeerblatt
1 Döschen gemahlener Safran (2 g)
Salz / Pfeffer
2 Knoblauchzehen
600 g Kohlrabi
3 EL Olivenöl
2 EL Zitronensaft
1 Bund frische Minze
100 g entsteinte schwarze Oliven

Zubereitungszeit: ca. 35 Min.
Pro Portion: ca. 195 kcal

1 Den Wein mit dem Lorbeerblatt, dem Safran, Salz und Pfeffer in einen weiten Topf geben. Den Knoblauch schälen und dazupressen. Alles langsam aufkochen lassen.

2 Die Kohlrabi putzen, schälen und in ca. 1/2 cm dicke Scheiben schneiden. Zum Wein geben und zugedeckt bei mittlerer Hitze in 8–10 Min. knackig garen. Mit einem Schaumlöffel herausnehmen und auf einer Platte anrichten.

3 Das Olivenöl in den Kochsud geben und alles um ein Drittel einkochen lassen. Mit Salz, Pfeffer und dem Zitronensaft kräftig abschmecken.

4 Den Sud über die Kohlrabi gießen. Die Minze waschen und trockenschütteln, die Blättchen abzupfen. Die Minzeblättchen und die Oliven auf den Kohlrabi verteilen. Lauwarm servieren.

Tauschbörse

Wer Alkohol bei der Zubereitung des Salats vermeiden möchte, gart die Kohlrabi in leichter **Gemüsebrühe** (Instant).

preiswert

Möhrensalat

Für 4 Personen:

500 g Möhren
2 Zweige frischer Oregano (oder 1 TL getrockneter)
2 Knoblauchzehen
1 TL Kreuzkümmelsamen
4 EL Weißweinessig
4 EL Olivenöl
Salz / Pfeffer
1/2 TL mildes Paprikapulver

Zubereitungszeit: ca. 25 Min.
Marinierzeit: ca. 1 Std.
Pro Portion: ca. 120 kcal

1 Die Möhren putzen, schälen und schräg in ca. 1 cm dicke Scheiben schneiden. Die Möhren in wenig Wasser in ca. 10 Min. bissfest garen.

2 Inzwischen den Oregano waschen und trockenschütteln, die Blättchen abzupfen.

3 Den Knoblauch schälen und sehr fein hacken. Kreuzkümmel im Mörser zerstoßen.

4 Den Essig, das Öl, Salz und Pfeffer, das Paprikapulver, die Oreganoblättchen, den Knoblauch und den Kreuzkümmel in einer Schüssel zu einer Marinade verrühren.

5 Die Möhren in ein Sieb abgießen und abtropfen lassen. In der Marinade wenden und zugedeckt mindestens 1 Std. (noch besser über Nacht) kalt stellen. Ab und zu vorsichtig durchmischen. Zimmerwarm servieren.

Clever genießen

Der andalusische Salat lässt sich gut mit allen **Fleisch- und Fischtapas** kombinieren – etwa mit den Knoblauchgarnelen und den frittierten Sardellen von Seite 71, den maurischen Spießchen von Seite 75 oder auch den Fleischkugeln von Seite 77. Er eignet sich darüber hinaus wunderbar als Beilage zu allem **Gegrillten**.

super vorzubereiten **Russischer Salat**

(im Bild hinten)

Für 4–6 Personen:
750 g fest kochende Kartoffeln
200 g grüne Bohnen | Salz
150 g Möhren | 150 g TK-Erbsen
Pfeffer | 4 EL Sherryessig
3 ganz frische Eigelbe
1 EL Zitronensaft
1/4 l Olivenöl

Zubereitungszeit: ca. 50 Min.
Zeit zum Durchziehen: ca. 30 Min.
Bei 6 Personen pro Portion: ca. 395 kcal

1 Die Kartoffeln gut waschen und knapp mit Wasser bedeckt bei mittlerer Hitze in ca. 30 Min. zugedeckt weich garen.

2 Inzwischen die Bohnen waschen, die Enden abschneiden, dabei die Fäden ziehen. Die Bohnen in kochendem Salzwasser ca. 10 Min. garen. In ein Sieb abgießen, eiskalt abschrecken und abtropfen lassen. Die Möhren putzen, schälen und in kleine Würfel schneiden. Die Möhren mit den Erbsen in kochendem Salzwasser ca. 5 Min. garen. Ebenfalls in ein Sieb abgießen, eiskalt abschrecken und gut abtropfen lassen.

3 Die gegarten Kartoffeln abgießen, etwas ausdämpfen lassen und pellen. Die Kartoffeln in ca. 1 cm große Würfel schneiden und mit dem anderen Gemüse in einer Schüssel mischen. Salzen, pfeffern und mit dem Essig beträufeln.

4 Die Eigelbe mit etwas Salz, Pfeffer und dem Zitronensaft schaumig rühren. Das Olivenöl erst tropfenweise, dann in einem dünnen Strahl unterschlagen, bis eine cremige Mayonnaise entstanden ist (s. Tipp S. 69). Unter den Salat mischen. Den Salat zugedeckt im Kühlschrank 30 Min. durchziehen lassen.

würzig **Eierkroketten**

(im Bild vorne)

Für 4 Personen:
1 Schalotte | 4 gehäufte EL Butter
4 gehäufte EL Mehl | 1/4 l Milch
2 EL geriebener mittelalter Gouda
8 EL Semmelbrösel | Salz | Pfeffer
1 Prise frisch geriebene Muskatnuss
4 hart gekochte Eier | 1 Ei
Außerdem:
Mehl für die Arbeitsfläche

Zubereitungszeit: ca. 45 Min.
Quellzeit: ca. 20 Min.
Pro Portion: ca. 400 kcal

1 Die Schalotte schälen, fein hacken und in 2 EL Butter weich dünsten. 3 EL Mehl dazugeben und goldgelb anschwitzen. Milch in dünnem Strahl unterschlagen. Die Sauce bei schwacher Hitze in ca. 10 Min. sehr dick einkochen lassen, immer wieder umrühren. Vom Herd nehmen, den Käse und 4 EL Semmelbrösel unterrühren. Alles mit Salz, Pfeffer und Muskat würzen. Die Masse ca. 20 Min. quellen lassen, bis sie gut formbar ist. Evtl. noch Semmelbrösel untermischen.

2 Die hart gekochten Eier pellen und (am besten mit dem Eierschneider) einmal längs und einmal quer durchschneiden, so dass kleine Würfel entstehen. Die Eier unter die Masse mischen, nochmals abschmecken und evtl. ganz auskühlen lassen. Aus der Masse auf wenig Mehl eine Rolle von ca. 2 cm Ø formen, davon ca. 3 cm lange Stücke abschneiden.

3 1 Ei in einem tiefen Teller verquirlen, das restliche Mehl und die restlichen Semmelbrösel auf jeweils einen weiteren Teller geben. Die Kroketten erst durch das Ei ziehen, dann im Mehl und zuletzt in den Semmelbröseln wälzen. Die Kroketten in der restlichen Butter bei mittlerer Hitze in ca. 5 Min. rundum goldgelb braten.

würzig **Olivenbrote**

Für 4–8 Stück:
1 Matjesfilet (80–100 g)
1 Bund glatte Petersilie
1 Kästchen Kresse
je 100 g entsteinte grüne und schwarze Oliven
1 TL mittelscharfer Senf
1 EL Olivenöl
4–8 Scheiben Baguette (je nach Größe)
1/2 Zitrone

Zubereitungszeit: ca. 20 Min.
Bei 8 Stück pro Stück: ca. 105 kcal

1 Vom Matjesfilet evtl. vorhandene feine Gräten entfernen. Die Petersilie waschen und trockenschütteln, Blättchen abzupfen. Die Kresse abbrausen, trockenschütteln, vom Beet schneiden.

2 Das Matjesfilet, die Petersilie, die Kresse und die Oliven im elektrischen Mixer oder mit dem Pürierstab grob pürieren. Den Senf und das Öl unterrühren. Das Püree auf die Brotscheiben verteilen.

3 Die Zitrone dick schälen, so dass auch die weiße Haut entfernt wird. Die Zitrone in dünne Scheiben schneiden und diese jeweils vierteln. Die Olivenbrote mit den Zitronenstückchen garniert servieren.

Tauschbörse

Statt mit Matjesfilet können Sie das Olivenpüree auch mit **Sardellenfilets** (aus dem Glas) oder mit **Sardinen** in Öl (aus der Dose) zubereiten. Wenn Sie es etwas weniger würzig möchten, nehmen Sie **Tunfisch** (aus der Dose).

blitzschnell Tomatenbrote mit Sardellenfilets

Für 6 Stück:
4 kleine Tomaten
4 Knoblauchzehen
6 Scheiben Baguette
Salz | Pfeffer
3–4 EL Olivenöl
6 Sardellenfilets (aus dem Glas)
6 grüne Oliven, mit Paprika gefüllt

Zubereitungszeit: ca. 15 Min.
Pro Stück: ca. 120 kcal

1 Die Tomaten mit kochendem Wasser überbrühen, häuten und halbieren, dabei die Kerne und Stielansätze entfernen. Das Fruchtfleisch mit einer Gabel zerdrücken. Den Knoblauch schälen, dazupressen und mit den Tomaten vermengen.

2 Die Baguettescheiben im Toaster oder im Backofen bei 250° (Mitte, Umluft 230°) in 4–5 Min. goldbraun rösten.

3 Das Tomaten-Knoblauch-Mus auf den Brotscheiben verteilen, mit etwas Salz und Pfeffer würzen und mit dem Olivenöl beträufeln.

4 Die Sardellenfilets kalt abspülen und trockentupfen. Die Filets ringförmig auf den Brotscheiben verteilen und in die Mitte jeweils 1 Olive setzen.

Tauschbörse

Sie können die Tomatenbrote auch jeweils mit 1 dünnen Scheibe **Serranoschinken** oder mit **Chorizo** (Knoblauch-Paprika-Wurst; s. S. 6) belegen. Oder Sie verwenden anstelle von Baguette **dunkles Bauernbrot**.

Blitzvariante

Noch schneller, aber genauso authentisch spanisch: Die gerösteten Brotscheiben erst jeweils mit der Schnittfläche von 1/2 Knoblauchzehe, dann mit der Schnittfläche von 1/2 Tomate kräftig einreiben.

herzhaft Tunfischhappen

(im Bild hinten)

Für 4–8 Stück:
1 ganz frisches Ei
100 ml Sonnenblumenöl
200 g naturell eingelegter Tunfisch (aus der Dose)
Salz / Pfeffer
4–8 Scheiben Baguette (je nach Größe)

Zubereitungszeit: ca. 20 Min.
Bei 8 Stück pro Stück: ca. 135 kcal

1 Für die Mayonnaise das Ei in ein hohes, schmales Gefäß aufschlagen und vorsichtig 50 ml Öl dazugießen. Mit dem Pürierstab pürieren, bis die Mischung hell und cremig ist. Dann das restliche Öl langsam dazugießen, dabei nochmals ca. 1 Min. pürieren (s. Tipp).

2 Den Tunfisch abtropfen lassen, in eine Schüssel geben und mit der Gabel zerpflücken. Löffelweise die Mayonnaise untermischen, bis eine homogene Masse entstanden ist. Mit Salz und Pfeffer abschmecken.

3 Die Baguettescheiben im Toaster oder im Backofen bei 250° (Mitte, Umluft 230°) in 4–5 Min. goldbraun rösten. Die Brote mit der Tunfischpaste bestreichen und sofort servieren. Dazu passen grüne Oliven.

Clever zubereiten

Mayonnaise gelingt am besten, wenn alle Zutaten Zimmertemperatur haben. **Eier** also bereits ca. 1 Std. vor der Verarbeitung aus dem Kühlschrank nehmen. Wegen des Salmonellenrisikos sollten die Eier außerdem absolut frisch sein.

Clever vorbereiten

Die **Tunfischpaste** lässt sich wunderbar im Voraus zubereiten – im Kühlschrank bleibt sie bis zu 2 Tage lang frisch. Das Brot aber immer erst kurz vor dem Servieren damit bestreichen, sonst weicht es durch.

blitzschnell Knoblauchbrote

(im Bild vorne)

Für 4–8 Stück:
4 EL Olivenöl
3 Knoblauchzehen
4–8 Scheiben Baguette (je nach Größe)
1 hart gekochtes Ei
8 Sardellenfilets (aus dem Glas)
2 Tomaten
1–2 TL Zitronensaft
Salz
Pfeffer
1 EL Schnittlauchröllchen

Zubereitungszeit: ca. 20 Min.
Bei 8 Stück pro Stück: ca. 95 kcal

1 Das Öl in einer großen beschichteten Pfanne erhitzen. Den Knoblauch schälen, 2 Zehen in das heiße Öl pressen. Die Brotscheiben dazugeben und bei mittlerer Hitze von beiden Seiten goldbraun braten. Die Brote aus der Pfanne nehmen und auf Küchenpapier entfetten.

2 Das Ei pellen. Die Sardellenfilets kalt abspülen und trockentupfen. Die übrige Knoblauchzehe grob hacken. Die Tomaten mit kochendem Wasser überbrühen, häuten und halbieren, dabei die Kerne und Stielansätze entfernen.

3 Die Tomaten, das Ei, die Sardellen und den Knoblauch im elektrischen Mixer oder mit dem Pürierstab fein pürieren. Das Püree mit dem Zitronensaft, Salz und Pfeffer würzen und auf die Knoblauchbrote streichen. Die Brote mit Schnittlauch bestreut servieren.

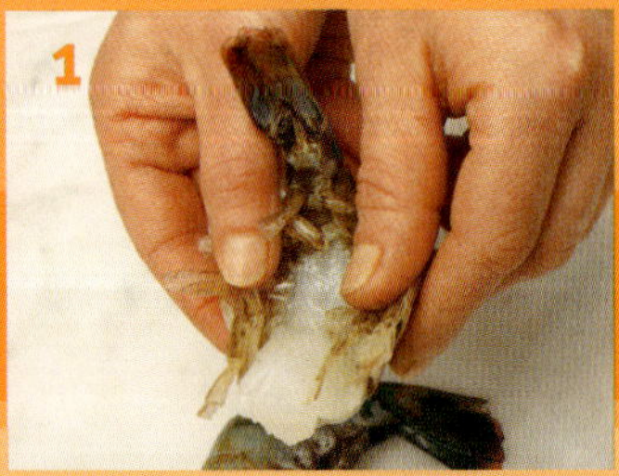
1

2

3

scharf Knoblauchgarnelen

(im Bild hinten)

Für 4 Personen:
12 rohe ungeschälte Riesengarnelen (ersatzweise 300 g geschälte Tiefseegarnelen)
4 Knoblauchzehen
4 getrocknete Chilischoten
Salz / Pfeffer
1/2 Bund glatte Petersilie
2 EL Zitronensaft
8 EL Fischfond (aus dem Glas; ersatzweise trockener Weißwein)
160 ml Olivenöl
Außerdem:
4 flache, feuerfeste Förmchen

Zubereitungszeit: ca. 20 Min.
Backzeit: ca. 15 Min.
Pro Portion: ca. 340 kcal

1 Die Riesengarnelen kalt abspülen, schälen (mit dem Daumen auf der Bauchseite den Panzer aufbrechen) **(Step 1)**, mit einem spitzen Messer am Rücken entlang leicht einschneiden **(Step 2)**, den schwarzen, fadenförmigen Darm an einer Stelle mit dem Messer anheben und vorsichtig herausziehen **(Step 3)**. In vier flache, feuerfeste Förmchen verteilen. Den Backofen auf 220° vorheizen.

2 Den Knoblauch schälen und fein hacken. Die Chilischoten zerbröseln. Knoblauch und Chilis auf den Garnelen verteilen. Mit Salz und Pfeffer würzen.

3 Die Petersilie waschen und trockenschütteln, die Blättchen abzupfen und fein hacken. Die Petersilie, den Zitronensaft, den Fischfond und das Olivenöl verrühren, die Garnelen damit beträufeln. Im heißen Backofen (Mitte, Umluft 200°) ca. 15 Min. überbacken. Dazu passt frisches Weißbrot.

knusprig Frittierte Sardellen

(im Bild vorne)

Für 4 Personen:
400 g möglichst kleine Sardellen (frisch oder tiefgekühlt und aufgetaut)
Salz
Pfeffer
8 EL Mehl
1 Zitrone
Außerdem:
neutrales Pflanzenöl zum Frittieren

Zubereitungszeit: ca. 40 Min.
Pro Portion: ca. 355 kcal

1 Die Sardellen vom Kopf befreien, am Bauch entlang aufschlitzen und ausnehmen. Unter fließendem kaltem Wasser gründlich abspülen und mit Küchenpapier trockentupfen. Die Sardellen innen und außen salzen und pfeffern.

2 Das Mehl auf einen Teller geben und die Fische darin wenden, dabei das Mehl etwas andrücken. Überschüssiges Mehl durch leichtes Schütteln entfernen.

3 Reichlich Öl in einem mittelgroßen Topf oder in der Fritteuse erhitzen. Es ist heiß genug, wenn an einem hineingehaltenen Holzlöffelstiel kleine Bläschen aufsteigen. Die Sardellen in dem heißen Öl portionsweise in ca. 5 Min. goldbraun frittieren. Mit einem Schaumlöffel herausnehmen und auf Küchenpapier entfetten.

4 Die Sardellen auf einer Platte anrichten. Die Zitrone waschen, längs achteln und zu den Sardellen servieren.

macht was her
Tunfisch-Oliven-Täschchen

(im Bild hinten)

Für 20 Stück:
Für den Teig:
150 g kalte Butter / 1/2 TL Salz
250 g Mehl / 3 EL Milch
Für die Füllung:
150 g naturell eingelegter Tunfisch (aus der Dose)
80 g grüne Oliven, mit Paprika gefüllt
Pfeffer / Cayennepfeffer
Außerdem:
Mehl für die Arbeitsfläche
Olivenöl zum Frittieren

Zubereitungszeit: ca. 50 Min.
Ruhezeit: ca. 30 Min.
Pro Stück: ca. 135 kcal

1 Die Butter in Flöckchen in eine Schüssel geben. Das Salz, das Mehl und die Milch dazugeben und alles zu einem geschmeidigen Teig verkneten. Den Teig zu einer Kugel formen und zugedeckt 30 Min. kalt stellen.

2 Inzwischen den Tunfisch gut abtropfen lassen, in eine Schüssel geben und mit einer Gabel zerpflücken. Die Oliven abtropfen lassen und quer in schmale Scheiben schneiden. Unter den Tunfisch mischen und die Masse mit Pfeffer und 1 Prise Cayenne würzen.

3 Den Teig auf wenig Mehl sehr dünn ausrollen. Mit einem Ausstecher oder einem Glas 20 Kreise von ca. 8 cm Ø ausstechen. Auf jeden Kreis ein Häufchen Füllung setzen. Die Kreise zusammenklappen, so dass halbrunde Täschchen entstehen. Die Ränder mit einer Gabel fest andrücken.

4 Reichlich Olivenöl in einem Topf oder in der Fritteuse erhitzen. Es ist heiß genug, wenn an einem hineingehaltenen Holzlöffelstiel kleine Bläschen aufsteigen. Die Täschchen darin portionsweise in ca. 3 Min. goldbraun frittieren. Mit einem Schaumlöffel herausnehmen und auf Küchenpapier entfetten.

super vorzubereiten
Eingelegte Sardellen

(im Bild vorne)

Für 4 Personen:
400 g frische, küchenfertige Sardellen
200 ml Weißweinessig
2 Knoblauchzehen
1 Bund glatte Petersilie
Salz / Pfeffer
2 EL Olivenöl
Außerdem:
Holz- oder Plastikspießchen

Zubereitungszeit: ca. 30 Min.
Marinierzeit: ca. 12 Std.
Pro Portion: ca. 230 kcal

1 Die Sardellen kalt abspülen und trockentupfen. Mit einem scharfen Messer längs vom Schwanz bis zum Kopf aufschneiden. Die Schwanzflosse vorsichtig in Richtung Kopf ziehen und dabei die Mittelgräte lösen. Die Sardellen nochmals kalt abspülen und trockentupfen. In eine Schüssel geben und mit dem Essig übergießen. Zugedeckt 12 Std. (am besten über Nacht) marinieren.

2 Am nächsten Tag die Sardellen auf Küchenpapier gut abtropfen lassen. Den Knoblauch schälen und sehr fein hacken. Die Petersilie waschen und trockenschütteln, die Blättchen abzupfen und fein hacken.

3 Die Sardellen in Portionsschälchen anrichten, etwas salzen und pfeffern. Knoblauch und Petersilie mischen und über die Sardellen verteilen. Die Fische mit dem Olivenöl beträufeln und mit Spießchen zum Aufpicken servieren.

Klassiker **Speckpflaumen**

Für 4 Personen:
300 g durchwachsener Räucherspeck in dünnen Scheiben
300 g entsteinte weiche Dörrpflaumen
Pfeffer
Außerdem:
Holzspießchen

Zubereitungszeit: ca. 25 Min.
Pro Portion: ca. 575 kcal

1 Von den Speckscheiben mit einem scharfen Messer die Schwarte entfernen. Die Scheiben halbieren oder dritteln. Jeweils 1 Stück Speck um 1 Dörrpflaume wickeln und mit einem Holzspießchen so feststecken, dass der Speck befestigt ist und das Spießchen gleichzeitig zum Anfassen dient.

2 Die Speckpflaumen in einer großen beschichteten Pfanne ohne Fett bei mittlerer Hitze rundum knusprig ausbraten. Mit Pfeffer würzen und heiß servieren.

Tauschbörse

Mit Datteln und roh geräuchertem Schinken in dünnen Scheiben gibt es **Schinkendatteln**, die man wie beschrieben zubereiten oder etwas veredeln kann: 4 EL trockenen Sherry (Fino) mit 4 EL Orangensaft über 300 g Datteln gießen, einige Min. ziehen lassen. 300 g Schinkenscheiben halbieren oder dritteln, jeweils 1 Stück Schinken um 1 Dattel wickeln. Die Datteln wie beschrieben auf Spießchen stecken und rundum knusprig ausbraten. Die Sherry-Orangensaft-Mischung angießen, einmal aufkochen und einkochen lassen.

aus Andalusien

Maurische Spießchen

Für 4 Personen:
2 Knoblauchzehen
Cayennepfeffer
1 Msp. Kreuzkümmelpulver
2 TL mildes Paprikapulver
6 EL Olivenöl
50 ml trockener Sherry (Fino)
500 g Lammfilet
Außerdem:
Holzspießchen

Zubereitungszeit: ca. 20 Min.
Marinierzeit: ca. 2 Std.
Pro Portion: ca. 190 kcal

1 Den Knoblauch schälen, grob zerkleinern und im Mörser mit 1 Prise Cayenne, dem Kreuzkümmel- und dem Paprikapulver zu einer Paste verarbeiten.

2 Die Paste in einer Schüssel mit 4 EL Olivenöl und dem Sherry verrühren.

3 Das Fleisch in mundgerechte Stücke schneiden, in der Marinade wenden und zugedeckt im Kühlschrank 2 Std. marinieren.

4 Das Fleisch auf kleine Spieße stecken. Das restliche Öl in einer beschichteten Pfanne erhitzen, die Spieße darin portionsweise bei mittlerer Hitze in 8–10 Min. rundum goldbraun braten.

Blitzvariante

Schneller ist diese **Fleischmarinade** gerührt: 1 TL Kreuzkümmelpulver, 1 Prise Cayennepfeffer, 2 EL mildes Paprikapulver, Salz und Pfeffer mit 4 EL Olivenöl verrühren und die Fleischstücke darin gründlich wenden. Zugedeckt im Kühlschrank 2 Std. marinieren.

Tauschbörse

Wenn Sie **Schweinefilet** statt Lamm verwenden, wird das dem arabischen Ursprung des Gerichts zwar nicht mehr ganz gerecht – aber die Spießchen schmecken damit ebenso fein.

für die große Runde **Pikante Fleischkugeln**

(im Bild hinten)

Für 8 Personen:
2 große Zwiebeln
2 EL Olivenöl
600 g gemischtes Hackfleisch
2 EL Semmelbrösel
3 große Eier
Salz / Pfeffer
Außerdem:
Mehl für die Arbeitsfläche und zum Bestauben
neutrales Pflanzenöl zum Frittieren

Zubereitungszeit: ca. 35 Min.
Ruhezeit: ca. 30 Min.
Pro Portion: ca. 350 kcal

1 Die Zwiebeln schälen, fein hacken und in dem Olivenöl weich braten. Dann in einer Schüssel mit dem Hackfleisch, den Semmelbröseln und 1 Ei gut verkneten. Die Masse mit Salz und Pfeffer abschmecken, zu einer Kugel formen und zugedeckt 30 Min. ruhen lassen.

2 Von der Hackfleischmasse kleine Portionen abstechen und auf wenig Mehl kleine Kugeln von ca. 2 1/2 cm Ø formen.

3 Die Fleischkugeln durch ein Sieb mit Mehl bestauben. Die übrigen Eier in einem tiefen Teller verquirlen.

4 Reichlich Öl in einem Topf oder in der Fritteuse erhitzen. Es ist heiß genug, wenn an einem hineingehaltenen Holzlöffelstiel kleine Bläschen aufsteigen. Die bemehlten Hackfleischkugeln durch die Eimasse ziehen und in dem heißen Öl portionsweise in ca. 5 Min. goldbraun frittieren. Die Fleischkugeln herausnehmen und auf Küchenpapier entfetten.

Klassiker **Hähnchen in Sherry**

(im Bild vorne)

Für 4 Personen:
600 g Hähnchenbrustfilet
Salz
2 EL Olivenöl
Pfeffer
1/4 l trockener Sherry (Fino)
125 ml Hühnerbrühe (Instant)
2 Knoblauchzehen
1 Zweig frischer Thymian
85 g grüne Oliven, mit Paprika gefüllt
Außerdem:
Mehl zum Wenden

Zubereitungszeit: ca. 40 Min.
Pro Portion: ca. 400 kcal

1 Die Hähnchenbrustfilets kalt abspülen und trockentupfen. Die Filets in ca. 3 cm große Stücke schneiden, mit Salz würzen. Die Fleischstücke in Mehl wenden.

2 Das Olivenöl in einer großen beschichteten Pfanne erhitzen, die Fleischstücke darin portionsweise bei starker Hitze kurz von allen Seiten anbraten. Mit Salz und Pfeffer würzen und herausnehmen.

3 Das Olivenöl abgießen, den Bratsatz mit dem Sherry loskochen, die Hühnerbrühe angießen. Den Knoblauch schälen und dazupressen. Den Thymianzweig waschen, trockenschütteln und dazugeben. Die Sauce offen um ca. ein Drittel einkochen lassen.

4 Das Fleisch in die Sauce geben und bei schwacher Hitze ca. 10 Min. ziehen lassen.

5 Die Oliven abtropfen lassen, quer in Scheiben schneiden und nach 5 Min. zum Fleisch geben. Dazu passt Weißbrot.

1

2

3

macht was her Hähnchenkroketten

(im Bild hinten)

Für 4 Personen:
250 g Hähnchenbrustfilet
1–2 EL neutrales Pflanzenöl
1 große Zwiebel
50 g gekochter Schinken
5 EL Schweineschmalz / 4 EL Mehl
200 ml Milch / Salz / Pfeffer
2 Prisen frisch geriebene Muskatnuss
5 EL Butter / 2 Eier
100 g Semmelbrösel
4 EL Erdnussöl

Zubereitungszeit: ca. 1 Std.
Kühlzeit: ca. 2 Std.
Pro Portion: ca. 620 kcal

1 Das Hähnchenfleisch kalt abspülen und trockentupfen. 1–2 EL Öl in einer beschichteten Pfanne erhitzen, die Filets darin in 10–15 Min. goldbraun braten, dabei einmal wenden. Herausnehmen und abkühlen lassen.

2 Die Zwiebel schälen und fein hacken. Den Schinken und das Fleisch sehr fein hacken **(Step 1)**. Zwiebel in dem Schmalz kurz anbraten. Schinken und Fleisch dazugeben und ca. 3 Min. mitbraten. Mit dem Mehl bestauben und umrühren. Dann mit der Milch ablöschen und weiterrühren, bis eine feste Masse entstanden ist **(Step 2)**. Evtl. noch etwas Milch dazugeben.

3 Vom Herd nehmen, die Masse mit Salz, Pfeffer und Muskat würzen. Die Butter in Flöckchen untermischen. Ganz auskühlen lassen und zugedeckt 2 Std. kalt stellen.

4 Die Eier in einem tiefen Teller verquirlen. Die Semmelbrösel in einen zweiten Teller geben. Aus der Fleischmasse längliche Kroketten formen **(Step 3)**. Die Kroketten zuerst durch die Eier ziehen, dann in den Bröseln wälzen. Erdnussöl in einer beschichteten Pfanne erhitzen. Die Kroketten darin portionsweise bei mittlerer Hitze in ca. 5 Min. rundum goldbraun ausbacken.

für Gäste Schweinefilet in würziger Sauce

(im Bild vorne)

Für 4 Personen:
500 g Schweinefilet / Salz / Pfeffer
2 Zweige frischer Rosmarin
4 EL Olivenöl
4–5 Knoblauchzehen
100 ml trockener Weißwein (z. B. Rueda)
3–4 EL Zitronensaft

Zubereitungszeit: ca. 30 Min.
Marinierzeit: ca. 12 Std.
Pro Portion: ca. 245 kcal

1 Vom Schweinefilet Häute und Sehnen entfernen. Das Filet mit Küchenpapier trockentupfen und in gut 1 cm dicke Scheiben schneiden. Salzen und pfeffern. Den Rosmarin waschen und trockenschütteln, die Nadeln fein hacken.

2 2 EL Olivenöl in einer beschichteten Pfanne erhitzen und die Filetscheiben darin portionsweise bei mittlerer Hitze 4–5 Min. kräftig anbraten, dabei einmal wenden. Aus der Pfanne nehmen, das Öl nicht abgießen. Die gebratenen Filetscheiben dachziegelartig in eine flache Form schichten und mit dem Rosmarin bestreuen.

3 Den Knoblauch schälen, in dünne Scheiben schneiden und in dem verbliebenen Bratfett kurz andünsten. Mit dem Weißwein ablöschen und alles über das Fleisch gießen. Mit dem Zitronensaft und dem restlichen Olivenöl beträufeln, mit Salz und Pfeffer würzen. Ganz abkühlen lassen und zugedeckt im Kühlschrank 12 Std. (am besten über Nacht) marinieren.

knusprig Spinatwürfel

(im Bild hinten)

Für 4 Personen:
1 kg Blattspinat | 1 kleine Zwiebel
2 Knoblauchzehen | 1 EL Butter
Salz | Pfeffer
4 Eier
5 EL Speisestärke
4 EL Olivenöl

Zubereitungszeit: ca. 1 Std.
Pro Portion: ca. 270 kcal

1 Den Spinat verlesen, waschen, tropfnass in einen großen Topf geben und bei mittlerer Hitze zusammenfallen lassen, dabei immer wieder umrühren. In einem Sieb abtropfen lassen, gut ausdrücken und grob hacken.

2 Die Zwiebel und den Knoblauch schälen. Die Zwiebel fein hacken. Die Butter in einer großen beschichteten Pfanne erhitzen, die Zwiebel darin bei mittlerer Hitze andünsten, dann den Knoblauch dazupressen und kurz mitdünsten. Den gehackten Spinat unterrühren und kräftig salzen und pfeffern.

3 3 Eier verquirlen und unter den Spinat mischen. Ca. 5 Min. stocken lassen. Sobald die Unterseite goldbraun ist, das Omelett auf einen Teller gleiten lassen, mit Hilfe eines zweiten Tellers wenden (s. S. 54). Das Omelett gewendet in die Pfanne gleiten lassen und in ca. 5 Min. fertig backen.

4 Das übrige Ei in einem tiefen Teller verquirlen. Die Speisestärke auf einen zweiten Teller geben. Das Omelett aus der Pfanne nehmen, etwas abkühlen lassen, dann in ca. 4 cm große Würfel schneiden. Die Würfel erst durch das Ei ziehen und dann in der Stärke wälzen. Das Olivenöl in der Pfanne erhitzen und die Spinatwürfel darin portionsweise goldbraun braten.

würzig Frittierte Auberginen

(im Bild vorne)

Für 4 Personen:
2 Auberginen (ca. 450 g)
2 Knoblauchzehen
Salz
Pfeffer
1 Bund krause Petersilie
125 g Mehl
1 Ei
70 ml trockener Sherry (Fino)
Außerdem:
Olivenöl zum Frittieren

Zubereitungszeit: ca. 35 Min.
Pro Portion: ca. 280 kcal

1 Die Auberginen waschen und trockenreiben, die Stielansätze entfernen. Die Auberginen quer in ca. 1/2 cm dicke Scheiben schneiden. Den Knoblauch schälen und durchpressen. Die Auberginen mit dem Knoblauch bestreichen, leicht salzen und pfeffern. Die Petersilie waschen und mit Küchenpapier gut trockentupfen.

2 Das Mehl in eine Schüssel geben, das Ei und den Sherry dazugeben und alles mit dem Schneebesen kräftig verquirlen. Mit Salz und Pfeffer würzen.

3 Reichlich Olivenöl in einem mittelgroßen Topf oder in der Fritteuse erhitzen. Es ist heiß genug, wenn an einem hineingehaltenen Holzlöffelstiel Bläschen aufsteigen. Die Auberginenscheiben vorsichtig durch den Teig ziehen, etwas abtropfen lassen und in dem heißen Öl portionsweise in 6–8 Min. goldbraun frittieren, dabei einmal wenden. Herausnehmen und auf Küchenpapier entfetten.

4 Zum Schluss die Petersilienzweige ganz kurz in das heiße Frittieröl halten. Die Auberginen mit der Petersilie garniert servieren.

preiswert Gefüllte Pilze

Für 4 Personen:
16 mittelgroße Champignons (250–300 g)
1 kleine Zwiebel
1 Paar Landjäger
1 EL Butter
Pfeffer
Außerdem:
Fett für die Form

Zubereitungszeit: ca. 25 Min.
Garzeit: ca. 12 Min.
Pro Portion: ca. 145 kcal

1 Die Pilze putzen und mit Küchenpapier trocken abreiben. Die Stiele herausdrehen und fein hacken. Die Zwiebel schälen und sehr fein würfeln. Die Landjäger von der Haut befreien und in winzige Würfel schneiden.

2 Die Butter in einer beschichteten Pfanne erhitzen. Die Pilzstiele, die Zwiebel und die Wurstwürfelchen darin ca. 8 Min. braten. Mit Pfeffer würzen.

3 Den Backofen auf 220° vorheizen. Eine feuerfeste Form einfetten.

4 Die Wurstmischung in die Pilzköpfe verteilen. Die gefüllten Pilze nebeneinander in die Form setzen und im heißen Backofen (Mitte, Umluft 200°) 10–12 Min. garen

Tauschbörse

Statt mit Landjägern, einer Rohwurst-Spezialität aus Süddeutschland und der Schweiz, können Sie die Pilzfüllung auch mit **Cabanossi**, **Polnischen** oder anderen **Räucherwürsten** zubereiten.

ganz einfach **Zitronenkartoffeln**

Für 4 Personen:
800 g kleine fest kochende Kartoffeln
Salz
Saft von 2 Zitronen
1 EL Essig
2 EL Fleischbrühe (Instant)
1 EL Cognac
1 Bund glatte Petersilie
8 Knoblauchzehen
6 EL Olivenöl
Pfeffer

Zubereitungszeit: ca. 40 Min.
Pro Portion: ca. 275 kcal

1 Die Kartoffeln gründlich waschen und knapp mit Salzwasser bedeckt bei mittlerer Hitze in ca. 25 Min. zugedeckt weich garen.

2 Den Zitronensaft mit dem Essig, der Fleischbrühe und dem Cognac verrühren.

3 Die Petersilie waschen und trockenschütteln, die Blättchen abzupfen und fein hacken. Den Knoblauch schälen und ebenfalls fein hacken.

4 Petersilie und Knoblauch mit dem Öl zur Zitronensauce geben, mit Salz und Pfeffer würzen und alles mit dem Schneebesen gut verrühren.

5 Die Kartoffeln in ein Sieb abgießen und kurz ausdämpfen lassen. Die Kartoffeln pellen und in ca. 2 cm dicke Scheiben schneiden. Noch lauwarm auf vier Tellern anrichten, die Sauce darüber gießen. Sofort servieren.

Tauschbörse

Wer den scharf-aromatischen Geschmack von Knoblauch nicht mag, ersetzt die Zehen durch 1 klein gehackte **Zwiebel** oder **Schalotte.** Und wer Alkohol vermeiden möchte, lässt den Cognac weg und nimmt einfach 1 EL **Fleischbrühe** (Instant) mehr.

aromatisch Eingelegte Oliven

(im Bild hinten)

Für 1 Twist-off-Glas (ca. 650 ml Inhalt):
2 Knoblauchzehen
2 getrocknete Chilischoten
3 Zweige frischer Rosmarin
400 g spanische Oliven
ca. 200 ml Olivenöl

Zubereitungszeit: ca. 10 Min.
Zeit zum Durchziehen: ca. 1 Woche
Haltbarkeit: 1–2 Monate
(kühl und dunkel aufbewahrt, mit Öl bedeckt)
Pro Glas: ca. 770 kcal

1 Den Knoblauch schälen und halbieren. Die Chilischoten mit einem spitzen Messer längs einritzen. Die Rosmarinzweige waschen und mit Küchenpapier gut trockentupfen. Den Knoblauch, die Chilischoten und die Rosmarinzweige in das vorbereitete Glas geben (s. Tipp S. 121).

2 Die Oliven dazugeben und das Glas mit dem Olivenöl so weit auffüllen, dass die Oliven von einer ca. 1 cm dicken Ölschicht bedeckt sind.

3 Das Glas gut verschließen und die Oliven mindestens 1 Woche ziehen lassen. Das Glas von Zeit zu Zeit schütteln und drehen, um den Inhalt gut zu verteilen. Dazu schmeckt Manchego (spanischer Schafkäse; s. S. 6).

Clever einkaufen

Ob **grüne oder schwarze Oliven** – die Farbe ist keine Frage der Sorte, sondern der Reife: Während dieser färben sich Oliven von grün über violett bis schwarz. Was die Wahl der Sorte angeht, lassen Sie am besten Ihren Geschmack entscheiden: Die Vielfalt reicht von großen, weichfleischigen Queens-Oliven über mittelgroße, leicht bittere Manzanilla-Oliven bis hin zu kleinen, fruchtig-herben Arbequina-Oliven.

super vorzubereiten Sherryzwiebelchen mit Rosinen

(im Bild vorne)

Für 4 Personen:
50 g Rosinen
80 ml trockener Sherry (Fino)
500 g Schalotten
4 EL Olivenöl
3 EL Tomatenmark
1 TL Puderzucker
2 EL Sherryessig
1 TL edelsüßes Paprikapulver
Salz
Pfeffer

Zubereitungszeit: ca. 30 Min.
Schmorzeit: ca. 45 Min.
Marinierzeit: ca. 2 Std.
Pro Portion: ca. 200 kcal

1 Die Rosinen mit dem Sherry übergießen, beiseite stellen und ziehen lassen. Inzwischen die Schalotten schälen.

2 1/4 l Wasser mit dem Olivenöl, dem Tomatenmark, dem Puderzucker und dem Essig aufkochen und ca. 10 Min. kochen lassen. Das Paprikapulver unterrühren, die Sauce mit Salz und Pfeffer würzen.

3 Die Schalotten und die Rosinen samt Sherry untermischen und alles zugedeckt bei ganz schwacher Hitze ca. 45 Min. schmoren. Dann die Schalotten mit der Sauce in eine Schüssel geben und zugedeckt 2 Std. marinieren.

Mezze

Wo Gastfreundschaft groß geschrieben wird

»Orient« – geographisch gesehen meint das Wort die Länder am südlichen und östlichen Mittelmeer, von Nordafrika über die Arabische Halbinsel bis zum Iran. Obwohl es sich hier um mehr als 15 Staaten mit zum Teil ganz unterschiedlichen Kulturen handelt, gibt es durchaus Gemeinsamkeiten, wie ein Blick in die Länderküchen zeigt: Zwar hat Israel die meisten Falafelvariationen zu bieten, doch auch in Ägypten sind die Kichererbsenbällchen überaus beliebt. Und was in der Türkei unter Börek firmiert, findet sich in Israel als Borekas wieder: kleine gefüllte Teigtaschen. In fast allen Ländern des Orients kennt und liebt man außerdem Mezze, Meze oder Mezeler – kleine, feine Vorspeisen, die vor allem zu besonderen Anlässen zu einem üppigen Büfett zusammengestellt werden. Üppig muss es sein, denn dies geht im Orient einher mit Gastfreundschaft, Großzügigkeit und Geselligkeit. Was anderes wünschen wir uns für einen gelungenen Abend mit Familie, Freunden und Gästen?

Das 1001-Nacht-Büfett

Wenn Sie mit einer Mezze-Tafel aufwarten möchten, sollten Sie schon etwas Zeit und Muße mitbringen, denn nur ein reichhaltiges Büfett spiegelt die traditionelle orientalische Gastfreundschaft angemessen wider. Eine typische Mezze-Tafel besteht aus sieben bis acht Gerichten und kann beispielsweise so aussehen:

Borekas mit Hackfleisch (S. 89), **Babaganoush** (S. 97), **Hummus** (S. 99) oder **Muhammara** (S. 97), **Tabouleh** (S. 106), **Spinatsalat mit Joghurt** (S. 109), **Lammspieße** (S. 110) oder **Hackfleisch-Bulgur-Bällchen** (S. 113), **Falafel** (S. 115), **Eingelegte grüne Tomaten** (S. 121), **Labaneh** (S. 122)

Was außerdem auf gar keinen Fall fehlen darf: reichlich **Brot**, z. B. Fladen- oder Pitabrot (S. 91). Ergänzend können Sie dann noch **Gurkenscheiben, Oliven** und **Sauergemüse** (s. S. 121) auf den Tisch bringen. Passende **Getränke** sind marokkanischer Minztee (S. 12), schwarzer Tee oder einfach nur Wasser. Eine fruchtige Erfrischung bietet der Melonendrink von Seite 12. Und wenn Sie Alkoholisches anbieten wollen: In der Türkei trinkt man zu den Vorspeisen gerne Raki, einen würzigen, mit Anis aromatisierten Tresterschnaps, pur oder mit Wasser verdünnt. Möchten Sie Ihren Gästen einen Wein kredenzen, sind Sie mit einem türkischen Villa Doluca in Weiß, Rosé oder Rot gut beraten.

Clever einkaufen – Bezugsadressen

Hier können Sie orientalische Gewürze und Spezialitäten online bestellen:
www.gasterea.de – **www.tali.de**
www.marios-dattelschlepper.de
www.tamascha.de – **www.violas.de**

Orientalische Tischimpressionen

Pink, Rot und Orange sind die Farben, die Orientfeeling garantieren. Legen Sie z. B. ein rotes Tischtuch auf und bestreuen Sie den Tisch großzügig mit rosafarbenen oder weißen Rosenblättern. Üppig verzierte Teegläser in den entsprechenden Farben gibt es preiswert in vielen Läden für Wohnaccessoires – füllen Sie sie mit Wasser und setzen Sie jeweils eine kleine Schwimmkerze hinein, das sorgt für die passende Beleuchtung. Statt Teegläsern können Sie auch einfache transparente Bechergläser nehmen und mit dickeren Quastenschnüren umwickeln. Auch viele orientalische Zutaten und Gewürze eignen sich als Dekoelemente: Schöne Farbakzente setzen Sie etwa mit roten Linsen in transparenten Glasvasen oder -schalen. Oder mit Gewürzen wie Zimtstangen oder -rinden, frischen oder getrockneten Chilischoten und Kurkumapulver, die in rustikalen Stein- oder Tonschüsseln gut zur Geltung kommen. Sträuße aus Minze oder Zitronenmelisse in Teegläsern bringen knackiges Grün auf den Tisch und verbreiten einen erfrischenden Duft.

aus Tunesien **Tunfischtäschchen**

Für 4 Stück:
100 g Tunfisch in Öl (aus der Dose)
1/2 Bund glatte Petersilie
2 Yufka-Teigplatten (Fertigprodukt; aus dem türkischen Lebensmittelladen)
1 Eiweiß | 4 kleine, ganz frische Eier
Salz | Pfeffer | 1 Zitrone
Außerdem:
neutrales Pflanzenöl zum Frittieren

Zubereitungszeit: ca. 30 Min.
Pro Stück: ca. 330 kcal

1 Den Tunfisch abtropfen lassen und mit einer Gabel zerpflücken. Die Petersilie waschen und trockenschütteln, die Blättchen grob hacken.

2 Die Teigplatten auseinander falten und leicht mit Wasser besprühen (am besten mit einer Wassersprühflasche). Die Teigplatten jeweils halbieren und jede Hälfte zu einem Kreis schneiden. Die Ränder mit dem Eiweiß bestreichen. Reichlich Öl in einem Topf oder in der Fritteuse erhitzen. Es ist heiß genug, wenn an einem hineingehaltenen Holzlöffelstiel Bläschen aufsteigen.

3 In die Mitte der Teigkreise jeweils ein Viertel des Tunfischs geben. Je 1 Ei aufschlagen, auf den Fisch geben. Mit Salz und Pfeffer würzen und mit der Petersilie bestreuen. Die Kreise schnell zu Halbmonden zusammenklappen, die Ränder gut zusammendrücken. Die Teigtaschen portionsweise vorsichtig in das heiße Öl gleiten lassen und in 3–4 Min. goldbraun frittieren. Herausnehmen und auf Küchenpapier entfetten. Die Zitrone waschen und vierteln. Zu jeder Portion 1 Zitronenviertel zum Beträufeln servieren.

ganz einfach Borekas mit Hackfleisch

Für 12 Stück:
225 g TK-Blätterteig
1 kleine Zwiebel
2 Knoblauchzehen
2 EL Butterschmalz
150 g Lamm- oder Rinderhackfleisch
1 TL Tomatenmark
1/2 TL Sumak (s. Tipp)
1/2 TL Korianderpulver
Salz | Pfeffer

Zubereitungszeit: ca. 40 Min.
Backzeit: ca. 20 Min.
Pro Stück: ca. 120 kcal

1 Die Blätterteigplatten zum Auftauen nebeneinander legen. Den Backofen auf 170° vorheizen. Das Backblech mit Backpapier auslegen.

2 Die Zwiebel und den Knoblauch schälen, fein würfeln und in dem Schmalz bei mittlerer Hitze glasig dünsten. Das Hackfleisch dazugeben und unter Rühren in ca. 5 Min. krümelig braten. Das Tomatenmark, das Sumak und den Koriander unterrühren, alles mit Salz und Pfeffer würzen.

3 Die Blätterteigplatten in 12 ca. 7 1/2 cm große Quadrate schneiden. In die Mitte der Quadrate jeweils 1 EL Hackfleischfüllung geben, die Ecken darüber nach innen falten und etwas zusammendrücken.

4 Die Borekas auf das Backblech setzen und im heißen Backofen (Mitte, Umluft 150°) in 15–20 Min. goldbraun backen.

Clever einkaufen

Sumak ist ein Gewürzpulver aus der getrockneten Essigbaumfrucht und gibt Fleisch, Fisch, Gemüse und Reisgerichten eine feinsäuerliche Geschmacksnote. Kaufen kann man Sumak im türkischen Lebensmittelladen. Wer einen solchen nicht in der Nähe hat: Auf Seite 87 gibt's Bezugsadressen für orientalische Zutaten.

Klassiker **Fladenbrot**

(im Bild hinten)

Für 6 Brote:
1/2 Würfel frische Hefe (20 g) | 1 TL Salz
450 g Mehl | 50 g weiche Butter
1/4 l Milch | 1 Eigelb
1 EL Sesamsamen
1 EL schwarze Kümmelkörner
Außerdem:
Fett für das Backblech
Mehl für die Arbeitsfläche

Zubereitungszeit: ca. 1 Std.
Ruhezeiten: ca. 2 Std. 40 Min.
Pro Brot: ca. 365 kcal

1 100 ml lauwarmes Wasser in eine Schüssel geben, die Hefe hineinbröckeln und glatt rühren. Das Salz und 1 EL Mehl hineinrühren, zugedeckt 10 Min. gehen lassen.

2 Die Butter in Flöckchen und die Milch dazugeben und alles glatt rühren. Das restliche Mehl sieben und ca. zwei Drittel davon nach und nach in die Flüssigkeit einrühren, bis ein relativ flüssiger Teig entstanden ist. Den Teig zugedeckt an einem warmen Ort 1 1/2 Std. gehen lassen, bis sich das Volumen verdoppelt hat.

3 Den Teig ca. 15 Min. durchkneten, dabei das restliche Mehl unterarbeiten. Zugedeckt an einem warmen Ort nochmals 1 Std. gehen lassen.

4 Den Ofen auf 250° vorheizen. Den Teig nochmals durchkneten und in 6 gleich große Portionen teilen. Diese zu Kugeln formen und auf wenig Mehl zu dünnen Fladen von ca. 30 cm Ø ausrollen.

5 Das Backblech einfetten. Jeweils 1 Fladen auf das Backblech legen, mit einem Messer Verzierungen einritzen, mit etwas verquirltem Eigelb bestreichen, mit Sesam und Kümmel bestreuen und im heißen Backofen (oben, Umluft 230°) ca. 3 Min. backen. Dann wenden und weitere 3 Min. backen. Mit den restlichen Fladen genauso verfahren (s. Tipp S. 17).

ganz einfach **Pitabrot**

(im Bild vorne)

Für 10 Brote:
1 kg Mehl | 2 Päckchen Trockenhefe
1 TL Salz | 1 TL Zucker
4 EL neutrales Pflanzenöl
Außerdem:
Mehl für das Backblech und die Arbeitsfläche

Zubereitungszeit: ca. 1 Std.
Ruhezeiten: ca. 2 Std.
Backzeit pro Blech: ca. 20 Min.
Pro Brot: ca. 380 kcal

1 Das Mehl in eine Schüssel sieben und mit der Hefe, dem Salz und dem Zucker mischen. Das Öl und ca. 1/2 l lauwarmes Wasser dazurühren und alles zu einem weichen, geschmeidigen Teig verkneten. Nach Bedarf noch etwas lauwarmes Wasser dazugeben. Gut durchkneten, bis der Teig nicht mehr an den Händen klebt. Zugedeckt an einem warmen Ort 2 Std. gehen lassen.

2 Den Ofen auf 250° vorheizen. Den Teig auf wenig Mehl nochmals kräftig durchkneten und zu einer Rolle formen. Die Rolle in 10 gleich große Stücke teilen und diese zu Fladen von ca. 12 cm Ø formen.

3 Das Backblech mit Mehl bestauben. Je 5 Fladen auf das Backblech legen und im heißen Ofen (unten, Umluft 230°) ca. 10 Min. backen, bis sich die Pitabrote aufgeplustert haben. Dann auf der mittleren Schiene in ca. weiteren 10 Min. goldbraun backen. Mit den restlichen Fladen genauso verfahren (s. Tipp S. 17).

1

2

3

Klassiker **Sesamringe**

(im Bild rechts)

Für 8 Stück:
1/2 Würfel frische Hefe (20 g)
500 g Mehl | 1 TL Salz
2 EL Sonnenblumenöl
1 Ei | 4 EL Sesamsamen
Außerdem:
Fett für die Backbleche
Mehl für die Arbeitsfläche

Zubereitungszeit: ca. 40 Min.
Ruhezeiten: ca. 2 Std.
Backzeit pro Blech: ca. 30 Min.
Pro Stück: ca. 270 kcal

1 Die Hefe zerbröckeln, in 2–3 EL lauwarmem Wasser glatt rühren und 2–3 Min. stehen lassen. Das Mehl und das Salz in eine große Schüssel sieben. Die Hefe und knapp 300 ml lauwarmes Wasser dazugeben. Mit den Händen mischen und zu einem weichen, geschmeidigen Teig verkneten **(Step 1)**. Mit dem Öl bestreichen und zugedeckt an einem warmen Ort 1 1/2 Std. gehen lassen, bis sich das Volumen verdoppelt hat.

2 Den Teig auf wenig Mehl nochmals durchkneten und in 8 Stücke teilen. Diese zu Würsten rollen und daraus Ringe von ca. 18 cm Ø formen **(Step 2)**.

3 Die Teigringe mit verquirltem Ei bestreichen. Zwei Backbleche einfetten. Die Sesamsamen auf einen Teller geben. Die Ringe darin wenden **(Step 3)**. Je 4 Ringe auf ein Backblech setzen. Mit einem feuchten Tuch bedeckt an einem warmen Ort weitere 30 Min. gehen lassen, bis sich das Volumen verdoppelt hat. Den Backofen auf 200° vorheizen.

4 Die Sesamringe im heißen Backofen (Mitte, Umluft 180°) in 20–30 Min. goldbraun backen (s. Tipp S. 17).

ganz einfach **Thymianbrötchen**

(im Bild links)

Für 20 Stück:
250 g Mehl | 1/2 TL Salz | 80 ml Milch
1/2 Würfel frische Hefe (20 g) | 1 TL Zucker | 1 Ei
3 EL getrockneter Thymian | 2 EL Butterschmalz
Außerdem:
neutrales Pflanzenöl für das Backblech
Mehl für die Arbeitsfläche

Zubereitungszeit: ca. 45 Min.
Ruhezeiten: ca. 1 Std. 25 Min.
Pro Stück: ca. 60 kcal

1 Das Mehl mit dem Salz in eine Schüssel sieben, eine Mulde hineindrücken. Die Milch erwärmen. Die Hefe zerbröckeln. Hefe und Zucker mit dem Schneebesen in die Milch rühren. Die Hefe-Milch-Mischung in die Mehlmulde gießen und mit etwas Mehl vom Rand breiig verrühren. Zugedeckt 20 Min. gehen lassen. Dann das Ei dazugeben, alles zu einem Teig verrühren und kräftig durchkneten. Den Teig zugedeckt an einem warmen Ort 30–45 Min. gehen lassen.

2 Den Thymian auf den Teig streuen und unterkneten. Den Teig auf wenig Mehl zu einer Rolle formen und in 20 gleich große Stücke teilen. Diese zu Kugeln formen und leicht flach drücken, so dass kleine Brötchen von ca. 5 cm Ø entstehen. Das Backblech dünn einölen, die Brötchen darauf setzen und zugedeckt an einem warmen Ort weitere 20 Min. gehen lassen, bis sich das Volumen verdoppelt hat.

3 1 EL Butterschmalz in einer großen beschichteten Pfanne zerlassen. Die Hälfte der Brötchen mit einem Pfannenwender vorsichtig in die Pfanne setzen. Bei mittlerer Hitze von jeder Seite ca. 3 Min. braten. Auf Küchenpapier entfetten und abkühlen lassen. Das übrige Schmalz erhitzen und mit den restlichen Brötchen genauso verfahren (s. Tipp S. 17). Ganz frisch servieren.

scharf Tunesische Canapés

Für 4 Personen:
1 altbackenes Baguette
80 g naturell eingelegter Tunfisch (aus der Dose)
100 g Schafkäse (Feta) | 2 hart gekochte Eier
1/2 TL Kreuzkümmelsamen
1/2 TL Korianderkörner
1 unbehandelte Zitrone | 4 EL Olivenöl
2 TL Harissa (Chilipaste; aus dem Orientladen)
Salz | Pfeffer
80 g entsteinte schwarze Oliven
2 EL Kapern (aus dem Glas)

Zubereitungszeit: ca. 30 Min.
Pro Portion: ca. 270 kcal

1 Das Baguette in fingerdicke Scheiben schneiden und in einer beschichteten Pfanne ohne Fett auf einer Seite goldbraun rösten. Beiseite stellen. Den Tunfisch abtropfen lassen und mit einer Gabel zerpflücken. Den Käse klein würfeln. Die Eier pellen und in Scheiben schneiden.

2 Kreuzkümmel und Koriander im Mörser zerstoßen. Die Zitrone heiß waschen, halbieren und eine Hälfte auspressen. 2 EL Zitronensaft mit dem Olivenöl, dem Harissa und etwas Wasser verrühren. Die Sauce mit Kreuzkümmel, Koriander, Salz und Pfeffer würzen.

3 Die Brotscheiben mit der ungerösteten Seite in die Sauce stippen und mit der getränkten Seite nach oben auf einer Platte anrichten. Mit dem Tunfisch, dem Käse, den Eischeiben, den Oliven und den Kapern belegen. Mit der restlichen Sauce beträufeln. Die übrige Zitronenhälfte in Scheiben schneiden, die Scheiben vierteln und die Canapés damit garnieren. Sofort servieren.

aus dem Libanon

Brotsalat mit Minze

Für 4 Personen:

4 dünne Fladenbrote (ersatzweise 1/2 schmales Baguette)
4 EL Olivenöl / 3 Bund glatte Petersilie
4 Zweige frische Minze
1/2 Romanasalat
350 g kleine Tomaten
1 Zwiebel / 2 Knoblauchzehen
je 1 TL schwarze Pfefferkörner, Korianderkörner und Kreuzkümmelsamen
Salz
je 1 Prise Nelkenpulver, Kardamompulver und Cayennepfeffer
1 Prise frisch geriebene Muskatnuss
Saft von 2 Zitronen

Zubereitungszeit: ca. 35 Min.
Zeit zum Durchziehen: ca. 15 Min.
Pro Portion: ca. 345 kcal

1 Die Fladenbrote in kleine Stücke reißen (das Baguette in hauchdünne Scheiben schneiden). 1 EL Öl in einer beschichteten Pfanne erhitzen, das Brot darin unter ständigem Rühren braun braten. Beiseite stellen.

2 Die Petersilie und die Minze waschen, trockenschütteln, die Blättchen abzupfen. Den Salat zerpflücken, putzen, waschen und trockenschütteln. Salat und Petersilie in feine Streifen schneiden, die Minze fein hacken. Die Tomaten überbrühen, häuten und würfeln, dabei die Stielansätze entfernen. Die Zwiebel schälen und in Streifen schneiden. Den Knoblauch schälen und sehr fein würfeln. Alles mit dem Brot in einer Schüssel vermengen.

3 Die ganzen Gewürze mit 1 TL Salz im Mörser zerstoßen, die gemahlenen Gewürze und den Muskat untermischen. Den Zitronensaft mit der Gewürzmischung und dem restlichen Öl verrühren. Über den Salat gießen und unterrühren, evtl. noch mit Salz abschmecken. Zugedeckt 10–15 Min. ziehen lassen.

vegetarisch Muhammara

(im Bild hinten)

Für 4 Personen:
1 Zwiebel
2 Knoblauchzehen
1 rote Paprikaschote (ca. 200 g)
3 EL Olivenöl
100 ml Gemüsebrühe (Instant)
1/2 altbackenes Brötchen
50 g Walnusskerne
3 EL Zitronensaft
3 getrocknete Chilischoten
1 EL Kreuzkümmelsamen
Salz
1 EL Tomatenmark
1 EL Grenadinesirup
Pfeffer

Zubereitungszeit: ca. 45 Min.
Kühlzeit: ca. 30 Min.
Pro Portion: ca. 200 kcal

1 Die Zwiebel und den Knoblauch schälen und fein würfeln. Die Paprikaschote waschen, putzen und ebenfalls fein würfeln. 1 EL Olivenöl erhitzen, Zwiebel, Knoblauch und Paprika darin bei mittlerer Hitze kurz andünsten. Die Brühe angießen und alles zugedeckt ca. 10 Min. kochen lassen.

2 Von dem Brötchen die Rinde abreiben, das Innere in Wasser einweichen, dann gut ausdrücken. Mit den Walnusskernen und dem Zitronensaft im elektrischen Mixer oder mit dem Pürierstab pürieren.

3 Die Chilis und den Kreuzkümmel mit 1 TL Salz im Mörser zerstoßen. Das Paprika-Zwiebel-Gemüse, die Brötchenmasse, die Gewürze, das Tomatenmark, den Grenadinesirup und das restliche Olivenöl in einer Schüssel verrühren, salzen und pfeffern. Die Creme zugedeckt 30 Min. kalt stellen. Dazu schmeckt Fladenbrot.

blitzschnell Babaganoush

(im Bild vorne)

Für 6 Personen:
600 g Auberginen / 1/2 Bund glatte Petersilie
1–2 EL Tahina (Sesampaste; aus dem Asienladen)
2–3 EL Zitronensaft / 2 EL Olivenöl
2 Knoblauchzehen / Salz / Pfeffer
1 eingelegte Chilischote
Außerdem:
Olivenöl zum Einpinseln

Zubereitungszeit: ca. 15 Min.
Garzeit: ca. 30 Min.
Pro Portion: ca. 110 kcal

1 Den Backofen auf 150° vorheizen. Die Auberginen waschen, trockenreiben, auf ein Backblech setzen und mit Öl einpinseln. Mit einer Gabel mehrmals einstechen und im heißen Ofen (Mitte, Umluft 130°) je nach Größe in 20–30 Min. weich garen. Herausnehmen, abkühlen lassen und längs halbieren. Das Fruchtfleisch mit einem Löffel herausschaben, pürieren und in eine Schüssel geben. Die Schalen wegwerfen.

2 Die Petersilie waschen und trockenschütteln, die Blättchen fein hacken. Nach und nach die Petersilie, die Tahinapaste, 2 EL Zitronensaft und das Olivenöl unter die Auberginenmasse rühren. Den Knoblauch schälen und dazupressen. Mit Salz, Pfeffer und evtl. noch etwas Zitronensaft abschmecken. Alles gut verrühren. Mit der Chilischote garniert servieren.

Blitzvariante

Wer eine **Mikrowelle** besitzt, kann die Auberginencreme noch schneller zubereiten: Die Auberginen sind bei 600 Watt in 7–8 Min. weich.

Clever genießen

Sollte die Auberginencreme zu **bitter** schmecken, einfach noch etwas Joghurt unterrühren.

würzig Zucchini-Sesam-Creme

Für 4 Personen:
800 g kleine Zucchini
3 Knoblauchzehen
75 ml Gemüsebrühe (Instant)
4 EL Sesamsamen
1/2 TL schwarze Pfefferkörner
1/2 TL Korianderkörner
1/2 TL Kreuzkümmelsamen
1 Kardamomkapsel (nur die Kerne)
1 Gewürznelke
Salz / 3 EL Olivenöl
3 EL Zitronensaft
2 EL fein gehackte Petersilie

Zubereitungszeit: ca. 30 Min.
Pro Portion: ca. 170 kcal

1 Die Zucchini putzen, schälen und klein würfeln. Den Knoblauch schälen und fein hacken. Zucchini und Knoblauch in der Brühe zugedeckt bei mittlerer Hitze 10–15 Min. garen.

2 Inzwischen die Sesamsamen in einer beschichteten Pfanne ohne Fett bei mittlerer Hitze hellbraun rösten und abkühlen lassen. Erst die Gewürze, dann die gerösteten Sesamsamen mit 1 TL Salz im Mörser zerstoßen.

3 Die Zucchiniwürfel mit einem Kartoffelstampfer zerdrücken und ca. 5 Min. bei mittlerer Hitze unter Rühren weiterkochen lassen, bis die Flüssigkeit verdampft ist.

4 Die Sesam-Gewürz-Mischung, das Olivenöl und den Zitronensaft unter die Zucchini rühren, nochmals abschmecken. In eine Schüssel geben und mit der Petersilie bestreut servieren. Dazu passt Fladenbrot.

Klassiker **Hummus**

Für 4 Personen:
250 g getrocknete Kichererbsen
1 Zwiebel
3 Knoblauchzehen
1 EL neutrales Pflanzenöl
50 g Tahina (Sesampaste; aus dem Asienladen)
2 EL Joghurt
2–3 EL Zitronensaft / Salz

Zubereitungszeit: ca. 30 Min.
Einweichzeit: ca. 12 Std.
Kochzeit: ca. 2 Std.
Pro Portion: ca. 280 kcal

1 Die Kichererbsen waschen und mit reichlich Wasser bedeckt 12 Std. (am besten über Nacht) einweichen. Am nächsten Tag die Kichererbsen im Wasser mit den Händen leicht gegeneinander reiben, so dass sich die Schalen lösen. Die oben schwimmenden Schalen abnehmen. Die Kichererbsen in ein Sieb abgießen, dabei das Einweichwasser auffangen.

2 Die Zwiebel und den Knoblauch schälen und fein hacken. Das Öl in einem tiefen Topf erhitzen, Zwiebel und Knoblauch darin glasig dünsten. Die Kichererbsen dazugeben und mit dem Einweichwasser gut bedecken. Einmal kurz aufkochen und zugedeckt bei schwacher Hitze ca. 2 Std. leise kochen lassen.

3 Die Kichererbsen in ein Sieb abgießen und abtropfen lassen, dabei die Kochflüssigkeit auffangen. Die Kichererbsen fein pürieren. Tahina und Joghurt untermischen. Mit Zitronensaft und Salz abschmecken. Ist das Püree noch zu fest, etwas Kochflüssigkeit dazugeben.

Stylingtipp

Den Hummus auf Teller verteilen und mit einem Esslöffel in die Mitte jeweils eine **Vertiefung** drücken. Je 1 EL **Olivenöl** hineingießen und mit fein gehackter **Petersilie** bestreuen. Eine feuchte Gabel in **Paprikapulver** tauchen und damit ein **Muster** in den Hummus drücken.

super vorzubereiten Möhrendip

(im Bild hinten)

Für 4 Personen:
500 g Möhren
1/2 TL Harissa
(Chilipaste; aus dem Orientladen)
2 EL Weinessig
1 EL kleine Kapern (aus dem Glas)
2 Knoblauchzehen
1 TL Kümmelpulver
Salz
2 EL Olivenöl
1 Ei
100 g Schafkäse (Feta)
100 g schwarze Oliven

Zubereitungszeit: ca. 45 Min.
Garzeit: ca. 30 Min.
Pro Portion: ca. 180 kcal

1 Die Möhren putzen, schälen, in grobe Stücke schneiden und in einen Topf geben. So viel Wasser angießen, dass die Möhren bedeckt sind. Die Möhren zugedeckt bei mittlerer Hitze in 25–30 Min. weich garen. Dann in ein Sieb abgießen, abtropfen lassen und in eine Schüssel geben. Mit dem Pürierstab fein pürieren.

2 Harissa und Essig verrühren und mit den Kapern zum Möhrenpüree geben. Den Knoblauch schälen und dazupressen. Mit dem Kümmelpulver und Salz würzen, das Olivenöl dazugeben und alles gründlich verrühren. Das Püree zugedeckt 30 Min. kalt stellen.

3 Inzwischen das Ei in ca. 10 Min. hart kochen, kalt abschrecken und abkühlen lassen, dann pellen und vierteln. Den Schafkäse zerbröckeln. Das Püree vor dem Servieren mit dem Ei, dem Käse und den Oliven garnieren. Dazu passt Fladenbrot.

blitzschnell Scharfer Joghurtdip

(im Bild vorne)

Für 4 Personen:
1 kleine, frische rote Chilischote
200 g milder Joghurt
150 g Crème fraîche
1 TL Tomatenmark
2 EL Zitronensaft
Salz / weißer Pfeffer
1 Prise Za'atar (s. Tipp)

Zubereitungszeit: ca. 10 Min.
Pro Portion: ca. 175 kcal

1 Die Chilischote waschen, längs aufschlitzen, entkernen und klein schneiden. Den Joghurt und die Crème fraîche verrühren. Die Chili, das Tomatenmark und den Zitronensaft unterrühren. Mit Salz und Pfeffer kräftig abschmecken.

2 Den Dip in einer Schale anrichten und mit Za'atar dekorieren.

Clever selber machen

Za'atar, eine Gewürzmischung aus Sesamsamen, Thymian und Oregano, ist hier zu Lande eher selten zu bekommen, aber denkbar einfach herzustellen: Sesamsamen in einer beschichteten Pfanne ohne Fett hellbraun rösten und zu gleichen Teilen mit getrocknetem Thymian und Oregano im Mörser grob zerstoßen. Übrigens: Online-Bezugsadressen für orientalische Gewürze und Spezialitäten finden Sie auf Seite 87.

blitzschnell Gurkenjoghurt mit Rosinen

Für 4 Personen:
1 Salatgurke (ca. 600 g)
1 kleine Zwiebel
50 g Rosinen
150 g Joghurt
100 g saure Sahne
2 EL Dillspitzen
2 EL geriebene Walnusskerne
1–2 Zweige frische Minze
2 Knoblauchzehen
Salz
Pfeffer

Zubereitungszeit: ca. 20 Min.
Kühlzeit: ca. 30 Min.
Pro Portion: ca. 140 kcal

1 Die Gurke putzen und schälen, dann in feine Streifen schneiden oder auf der Gemüsereibe raspeln. Die Zwiebel schälen und fein hacken.

2 Die Rosinen kurz mit heißem Wasser abspülen, abtropfen lassen und mit der Gurke und der Zwiebel in einer Schüssel mischen. Den Joghurt, die saure Sahne, den Dill und die Walnüsse unterrühren.

3 Die Minze waschen und trockenschütteln, die Blättchen abzupfen, fein hacken und dazugeben. Den Knoblauch schälen und dazupressen. Alles gut verrühren, mit Salz und Pfeffer abschmecken. Zugedeckt im Kühlschrank 30 Min. kalt stellen.

preiswert Rote-Beten-Joghurt

Für 4 Personen:
Salz
500 g Rote Beten
1–2 Zweige frische Minze
150 g Joghurt
100 g saure Sahne

Zubereitungszeit: ca. 30 Min.
Garzeit: ca. 1 Std.
Pro Portion: ca. 75 kcal

1 Ca. 200 ml Wasser zum Kochen bringen, salzen. Inzwischen die Roten Beten gründlich waschen, dabei die Schale nicht verletzen. Die Beten in dem kochenden Salzwasser zugedeckt bei schwacher Hitze in ca. 1 Std. weich garen.

2 Die Minze waschen und trockenschütteln, die Blättchen abzupfen und fein hacken.

3 Die gegarten Roten Beten unter fließendem kaltem Wasser schälen, klein würfeln und in eine Schüssel geben. Mit Salz würzen.

4 Erst kurz vor dem Servieren den Joghurt und die saure Sahne unterheben. Die Minze darüber streuen.

Clever vorbereiten

Beim Schälen und Kleinschneiden der gegarten **Roten Beten** am besten Haushaltshandschuhe tragen – die Knollen färben stark ab.

Blitzvariante

Wem es zu lange dauert und zu zeitaufwändig ist, die Roten Beten zu garen und zu schälen, kann auf **gegarte und geschälte Knollen** zurückgreifen, die es in Folie eingeschweißt in den Gemüseabteilungen fast aller gut sortierten Supermärkte zu kaufen gibt.

1

2

3

aus Tunesien Mechouia-Salat

(im Bild vorne)

Für 4 Personen:

1 Zwiebel
350 g grüne und gelbe Paprikaschoten
2 Fleischtomaten (ca. 450 g)
2 frische grüne Chilischoten
1/2 Bund glatte Petersilie
120 g naturell eingelegter Tunfisch (aus der Dose)
2 hart gekochte Eier / 4 EL Olivenöl
Saft von 1/2 Zitrone / 1 EL Kapern (aus dem Glas)
je 1/2 TL fein zerstoßene Kreuzkümmelsamen und Korianderkörner
Salz / Pfeffer

Zubereitungszeit: ca. 1 Std.
Pro Portion: ca. 185 kcal

1 Den Backofen auf 210° vorheizen. Die Zwiebel ungeschält halbieren **(Step 1)**. Paprika waschen, längs halbieren und putzen. Tomaten waschen, Stielansätze entfernen. Das Gemüse mit den Schnittstellen nach unten auf ein Backblech setzen und im heißen Backofen (Mitte, Umluft 190°) ca. 10 Min. braten. Die Chilis waschen, längs halbieren und entkernen. Die Chilis auf das Blech dazusetzen und alles weitere 10 Min. braten, bis die Haut dunkel wird und Blasen wirft **(Step 2)**.

2 Die Petersilie waschen, die Blättchen grob hacken. Den Tunfisch abtropfen lassen, zerpflücken. Die Eier pellen und in Scheiben schneiden.

3 Das Gemüse aus dem Ofen nehmen. Mit einem feuchten Küchentuch bedeckt kurz abkühlen lassen, dann die dunkle Haut abziehen **(Step 3)**. Das Gemüse in Stücke schneiden (austretenden Tomatensaft abgießen) und in eine Schüssel geben. Das Öl mit Zitronensaft, Petersilie, Kapern, Kreuzkümmel, Koriander, Salz und Pfeffer mischen und unterrühren. Tunfisch und Eischeiben auf dem Salat verteilen.

aus Marokko Zucchini-Auberginen-Salat

(im Bild hinten)

Für 4 Personen:

1 große rote Paprikaschote
1 Aubergine (ca. 300 g) / 2 Zucchini (ca. 250 g)
3 EL Olivenöl / Salz
2 TL edelsüßes Paprikapulver
1/2 TL Kreuzkümmelpulver
4 Knoblauchzehen / Saft von 1/2 Zitrone
1 große Fleischtomate / 1 frische Peperoni

Zubereitungszeit: ca. 1 Std.
Garzeit: ca. 20 Min.
Pro Portion: ca. 120 kcal

1 Den Backofen auf 210° vorheizen. Die Paprika waschen, längs halbieren und putzen. Mit den Schnittstellen nach unten auf ein Backblech setzen. Im heißen Backofen (Mitte, Umluft 190°) ca. 20 Min. braten, bis die Haut Blasen wirft. Herausnehmen, kurz mit einem feuchten Tuch bedecken. Häuten, in schmale Streifen schneiden.

2 Aubergine und Zucchini waschen, putzen und in ca. 1 1/2 cm große Würfel schneiden. In dem Öl unter Rühren kräftig anbraten. Mit Salz, Paprikapulver und Kreuzkümmel würzen. Den Knoblauch schälen und dazupressen. 125 ml Wasser und den Zitronensaft angießen. Alles aufkochen lassen.

3 Die Tomate überbrühen, häuten und grob würfeln, dabei Kerne und Stielansatz entfernen. Tomaten und Paprika unter das Auberginen-Zucchini-Gemüse rühren. Offen ca. 3 Min. leise kochen lassen, dabei ab und zu umrühren.

4 Die Peperoni waschen, längs aufschlitzen und entkernen. In schmale Ringe schneiden und unter das Gemüse mischen. Alles offen ca. 5 Min. leise weiterkochen, bis fast alle Flüssigkeit verdampft ist. Dabei immer wieder umrühren. Nochmals abschmecken. Lauwarm oder kalt servieren.

gut im Sommer **Tabouleh**

Für 4 Personen:
150 g feiner Bulgur (Weizenschrot)
1/2 Bund Frühlingszwiebeln
3 vollreife Tomaten (ca. 300 g)
4 kleine, knackige Gurken (je ca. 150 g)
1 Bund glatte Petersilie
1 Bund frische Minze
6 EL Zitronensaft | 4 EL Olivenöl
Salz | Pfeffer
1 kleiner Romanasalat

Zubereitungszeit: ca. 30 Min.
Kühlzeit: ca. 30 Min.
Pro Portion: ca. 250 kcal

1 Den Bulgur mit kochend heißem Wasser bedeckt ca. 10 Min. quellen lassen. Inzwischen die Frühlingszwiebeln putzen, waschen, längs halbieren und quer in kleine Würfel schneiden.

2 Die Tomaten waschen und klein würfeln, dabei die Stielansätze entfernen. Die Gurken putzen, schälen und ebenfalls klein würfeln. Die Petersilie und die Minze waschen und trockenschütteln, die Blättchen fein hacken.

3 Den Bulgur in ein feines Sieb abgießen und unter fließendem kaltem Wasser gründlich waschen. Gut abtropfen lassen und in eine Schüssel geben. Das Gemüse, die Kräuter, den Zitronensaft und das Olivenöl dazugeben und alles gut vermischen. Mit Salz und Pfeffer kräftig würzen. Zugedeckt 30 Min. kalt stellen.

4 Inzwischen vom Romanasalat die dunklen Blätter entfernen. Die zartgelben Blätter vom Strunk lösen, waschen, trockenschütteln und auf vier Teller verteilen. Das Tabouleh darauf anrichten. Dazu passt Fladenbrot.

blitzschnell **Scharfer Tomatensalat**

Für 4 Personen:
6 große, vollreife Tomaten
1 frische grüne Chilischote
1 Bund Koriandergrün
30 g getrocknete Tomaten
Saft von 1 Limette
3 EL Olivenöl
Salz
Pfeffer

Zubereitungszeit: ca. 20 Min.
Pro Portion: ca. 100 kcal

1 Die Tomaten mit kochendem Wasser überbrühen, häuten und in Spalten schneiden, dabei die Kerne und Stielansätze entfernen.

2 Die Chilischote waschen, längs aufschlitzen, entkernen und sehr fein hacken. Den Koriander waschen und trockenschütteln, die Blättchen abzupfen und fein hacken.

3 Die getrockneten Tomaten klein schneiden und mit den Tomatenspalten, der Chili und dem Koriander in einer Schüssel mischen. Den Limettensaft mit dem Öl, Salz und Pfeffer zu einem Dressing verrühren. Das Gemüse damit beträufeln und alles gut durchmischen.

Clever genießen

Der Tomatensalat ist eine erfrischende Beilage zu **gegrilltem Fisch** oder **Fleisch.**

Tauschbörse

Koriander sieht glatter Petersilie zwar zum Verwechseln ähnlich, doch geschmacklich haben die beiden Kräuter nichts gemeinsam. Dennoch kann man Koriander gegen **glatte Petersilie** tauschen, denn der aromatische, fast strenge Geschmack des Doldenblütlers ist nicht jedermanns Sache. Wer Schärfe nicht mag oder verträgt, lässt die Chili weg und würzt das Dressing zusätzlich mit 1–2 TL **Kreuzkümmelpulver**.

super vorzubereiten **Foul**

(im Bild vorne)

Für 4 Personen:
300 g getrocknete Foulbohnen
1 Bund glatte Petersilie
1 Tomate
3 Knoblauchzehen
Salz
1 Prise Kreuzkümmelpulver
150 ml Olivenöl
100 ml Zitronensaft

Zubereitungszeit: ca. 30 Min.
Einweichzeit: ca. 12 Std.
Garzeit: ca. 1 Std. 30 Min.
Marinierzeit: ca. 12 Std.
Pro Portion: ca. 435 kcal

1 Die Foulbohnen gut waschen und mit 1 l Wasser bedeckt 12 Std. (am besten über Nacht) einweichen. Am nächsten Tag die Bohnen mit dem Einweichwasser kurz aufkochen lassen und zugedeckt bei schwacher Hitze in 1 1/2 Std. weich garen. Falls nötig, noch Wasser dazugeben.

2 Die Petersilie waschen und trockenschütteln, die Blättchen abzupfen und fein hacken. Die Tomate waschen und fein würfeln, dabei die Kerne und den Stielansatz entfernen. Die Petersilie und die Tomate in eine große Schüssel geben. Den Knoblauch schälen und dazupressen. Mit Salz und Kreuzkümmel würzen. Das Olivenöl und den Zitronensaft darüber gießen und alles mischen.

3 Die gegarten Bohnen in ein Sieb abgießen, abtropfen lassen, mit der Marinade mischen und abkühlen lassen. Zugedeckt im Kühlschrank 12 Std. (am besten über Nacht) marinieren. Passt zu frischem Fladenbrot.

vegetarisch **Spinatsalat mit Joghurt**

(im Bild hinten)

Für 4 Personen:
600 g Blattspinat
1 Zwiebel
2 EL Olivenöl
1/4 TL Kurkumapulver
150 g Joghurt
50 g saure Sahne
2 Knoblauchzehen
Salz
Pfeffer

Zubereitungszeit: ca. 35 Min.
Kühlzeit: ca. 1 Std.
Pro Portion: ca. 105 kcal

1 Den Spinat verlesen, waschen und in einem Sieb abtropfen lassen. Dann möglichst klein schneiden. Die Zwiebel schälen und fein hacken.

2 Das Olivenöl in einem großen Topf erhitzen und die Zwiebel darin in ca. 6 Min. goldbraun dünsten. Das Kurkumapulver einrühren und den Spinat dazugeben. Ca. 100 ml Wasser angießen. Den Spinat zugedeckt bei mittlerer Hitze zusammenfallen lassen, dabei immer wieder umrühren, dann weitere 3–4 Min. garen. Den Spinat in ein Sieb abgießen und abkühlen lassen.

3 Den Joghurt und die saure Sahne in einer großen Schüssel verrühren. Den Knoblauch schälen, dazupressen und gut unterrühren.

4 Den Spinat unter die Joghurtsauce heben und alles mit Salz und Pfeffer würzen. Den Salat zugedeckt 1 Std. kalt stellen. Dazu passt frisches Fladenbrot.

ganz einfach Lammspieße

Für 4 Spieße:
500 g Lammfilet (vom Metzger in 20 gleich große Würfel schneiden lassen)
100 ml Olivenöl
Saft von 1 Zitrone
2 TL getrockneter Oregano
4 Knoblauchzehen
Salz
Pfeffer
4 mittelgroße Zwiebeln
3 feste mittelgroße Tomaten
2 TL Kreuzkümmelpulver
Außerdem:
4 lange Holzspieße

Zubereitungszeit: ca. 30 Min.
Marinierzeit: ca. 3 Std.
Grillzeit: ca. 15 Min.
Pro Spieß: ca. 315 kcal

1 Das Fleisch trockentupfen. Öl, Zitronensaft und Oregano verrühren. Knoblauch schälen und dazupressen. Das Fleisch unterrühren, kräftig salzen und pfeffern. Zugedeckt im Kühlschrank mindestens 3 Std. marinieren.

2 Die Zwiebeln schälen und vierteln. Die Tomaten waschen und vierteln, dabei die Stielansätze entfernen. Den Backofen auf 220° vorheizen. Ein Backblech mit Alufolie auslegen.

3 Das Fleisch aus der Marinade nehmen und im Wechsel mit den Zwiebeln und den Tomaten auf 4 Spieße stecken. Mit Marinade bestreichen, auf das Blech legen und im heißen Ofen (Mitte, Umluft 200°) ca. 15 Min. grillen. Nach der Hälfte der Zeit wenden, nochmals mit Marinade bestreichen. Die fertigen Spieße mit dem Kreuzkümmel bestreuen.

macht was her **Garnelenspieße**

Für 8 Spieße:
800 g rohe ungeschälte Riesengarnelen
1 Eiweiß / 1 EL fein gehacktes Koriandergrün
je 1 Prise Chilipulver und Kreuzkümmelpulver
1 TL Za'atar (s. Tipp S. 101)
Salz / Pfeffer / 16 Kirschtomaten
3–4 EL neutrales Pflanzenöl
2 Zitronen
Außerdem:
8 lange Holzspieße

Zubereitungszeit: ca. 1 Std.
Kühlzeit: ca. 30 Min.
Pro Spieß: ca. 115 kcal

1 Die Garnelen kalt abspülen und schälen. Am Rücken entlang leicht einschneiden und den schwarzen Darm vorsichtig herausziehen (s. S. 70/71). Die Garnelen fein hacken und mit dem Eiweiß, dem Koriander, Chili, Kreuzkümmel, Za'atar, Salz und Pfeffer gut verkneten. Zugedeckt 30 Min. kalt stellen. Die Tomaten waschen.

2 Die Garnelenmasse in 16 gleich große Portionen teilen und zu Würstchen formen. Jeweils 2 Würstchen abwechselnd mit 2 Kirschtomaten auf die Spieße reihen. 2 EL Öl in einer großen beschichteten Pfanne erhitzen, die Spieße darin portionsweise unter Zugabe des restlichen Öls in ca. 10 Min. knusprig braten. Die Zitronen waschen, vierteln und zu den Spießen servieren.

Clever genießen

Zu den Garnelenspießen machen sich **scharf-würzige Kartoffeln** sehr gut: Für 4 Portionen 500 g neue Kartoffeln schälen, waschen, grob würfeln und in 4 EL Olivenöl bei mittlerer Hitze unter Wenden goldbraun braten. Hitze reduzieren. 3 Knoblauchzehen schälen und durchpressen. Je 1 rote und grüne Chilischote waschen, längs aufschlitzen, entkernen, fein hacken und mit dem Knoblauch und 1 TL Kreuzkümmelpulver unter die Kartoffeln rühren. 3–4 Min. weiterbraten. Mit 1 Prise Cayennepfeffer würzen. 4 EL Zitronensaft über die Kartoffeln träufeln und salzen.

1

2

3

für Gäste Hackfleisch-Bulgur-Bällchen

Für 20 Bällchen:
200 g Bulgur (Weizenschrot)
2 Zwiebeln
500 g Lamm- oder Rinderhackfleisch
1 TL Pimentpulver
1 TL edelsüßes Paprikapulver
Salz
Pfeffer
2 EL Butter
1/2 TL Zimtpulver
50 g Pinienkerne
Außerdem:
neutrales Pflanzenöl zum Frittieren

Zubereitungszeit: ca. 1 Std. 30 Min.
Pro Bällchen: ca. 120 kcal

1 Den Bulgur mit kochend heißem Wasser bedeckt ca. 10 Min. quellen lassen. Inzwischen die Zwiebeln schälen und fein hacken. Den Bulgur in ein feines Sieb abgießen und gut abtropfen lassen. Dann mit der Hälfte der Zwiebeln, zwei Dritteln des Hackfleischs, dem Piment- und dem Paprikapulver in einer Schüssel gründlich mischen, mit Salz und Pfeffer würzen.

2 Für die Füllung die Butter erhitzen. Die restlichen Zwiebeln und das restliche Hackfleisch darin bei mittlerer Hitze unter Rühren ca. 5 Min. anbraten. Mit dem Zimt, Salz und Pfeffer würzen, vom Herd nehmen.

3 Die Pinienkerne in einer beschichteten Pfanne ohne Fett goldgelb rösten und unter die Hackfleischfüllung mischen.

4 Aus der Hackfleisch-Bulgur-Masse 20 Bällchen formen. In jedes Bällchen mit dem Daumen eine Vertiefung drücken. Die Hände mit etwas Wasser anfeuchten und die Vertiefung jeweils vorsichtig so ausformen, dass ein etwa pflaumengroßer Hohlraum entsteht **(Step 1)**.

5 Von der Hackfleischfüllung pro Bällchen 1 EL abnehmen und in den Hohlraum füllen **(Step 2)**. Den Hohlraum schließen. Dafür die Kanten mit Wasser befeuchten und über der Füllung zusammendrücken **(Step 3)**. Dabei darauf achten, dass keine Risse oder Löcher entstehen. Die Bällchen sollten die Form einer Birne haben.

6 Reichlich Öl in einem Topf oder in der Fritteuse erhitzen. Es ist heiß genug, wenn an einem hineingehaltenen Holzlöffelstiel kleine Bläschen aufsteigen. Die Bällchen darin portionsweise 8–10 Min. frittieren. Mit einem Schaumlöffel herausnehmen, auf Küchenpapier entfetten. Warm oder kalt servieren.

Vegetarische Variante

Für »Kibbeh«, wie die Bällchen im Orient heißen, gibt es jede Menge Varianten, darunter auch viele ohne Fleisch, z. B. **Auberginen-Bulgur-Bällchen.** Für 4 Portionen 250 g Bulgur mit kochend heißem Wasser bedeckt ca. 10 Min. quellen lassen. Inzwischen 2 Auberginen waschen, putzen und grob zerkleinern. 2 Knoblauchzehen schälen und grob zerkleinern. 1 frische rote Chilischote waschen, längs aufschlitzen, entkernen und ebenfalls grob zerkleinern. Den Bulgur in ein feines Sieb abgießen, abtropfen lassen und in eine Schüssel geben. Auberginen, Knoblauch und Chili pürieren und zum Bulgur geben. 1 Zwiebel schälen, fein reiben und mit je 1/2 TL Pimentpulver, Korianderpulver und Salz dazugeben. 1 TL Speisestärke in etwas kaltem Wasser glatt rühren und dazugießen. Alles gut verkneten. Aus der Masse Bällchen formen und diese wie oben beschrieben frittieren und auf Küchenpapier entfetten.

Klassiker **Falafel**

Für 4 Personen:
250 g getrocknete Kichererbsen
1/2 Bund Koriandergrün
1 Zwiebel
1 Knoblauchzehe
50 g Semmelbrösel
1 TL Backpulver
2 EL Mehl
Salz / Pfeffer
1/2 TL Kreuzkümmelpulver
1 EL Zitronensaft
Außerdem:
neutrales Pflanzenöl zum Frittieren

Zubereitungszeit: ca. 1 Std.
Einweichzeit: ca. 12 Std.
Pro Portion: ca. 290 kcal

1 Die Kichererbsen waschen und mit reichlich Wasser bedeckt 12 Std. (am besten über Nacht) einweichen. Am nächsten Tag die Kichererbsen im Wasser mit den Händen leicht gegeneinander reiben, so dass sich die Schalen lösen. Die oben schwimmenden Schalen abnehmen. Kichererbsen abgießen und abtropfen lassen.

2 Den Koriander waschen und trockenschütteln, die Blättchen abzupfen. Die Zwiebel und den Knoblauch schälen und grob hacken. Die Kichererbsen mit dem Koriander, der Zwiebel und dem Knoblauch im elektrischen Mixer pürieren. Semmelbrösel, Backpulver und Mehl unterkneten. Mit Salz, Pfeffer, Kreuzkümmel und Zitronensaft würzen. Aus dem Teig walnussgroße Bällchen formen.

3 Reichlich Öl in einem Topf oder in der Fritteuse erhitzen. Es ist heiß genug, wenn an einem hineingehaltenen Holzlöffelstiel Bläschen aufsteigen. Die Falafel darin portionsweise in 2–3 Min. goldbraun frittieren. Dann herausnehmen und auf Küchenpapier entfetten.

Clever genießen

Ganz traditionell isst man die **Falafel in Pitabrot mit Joghurtsauce:** Für 4 Portionen 1 Zwiebel und 2 Knoblauchzehen schälen und sehr fein hacken. Mit 100 g Joghurt verrühren, salzen und pfeffern. Unter eine Hälfte der Sauce 1 TL edelsüßes Paprikapulver rühren. 5 Blätter Kopfsalat, 1/4 Salatgurke und 2 Tomaten waschen, putzen und in Stücke schneiden. 4 kleine Pitabrote (Rezept S. 91 oder Fertigprodukt) aufbacken, dann oben jeweils ein Stück abschneiden und das Gemüse in den Brottaschen verteilen. Jeweils 1 eingelegte Chilischote oder Peperoni und einige Falafel obenauf legen und mit den beiden Saucen beträufeln.
Im Nahen Osten werden mit Hummus (Rezept S. 99) und Falafel gerne **Sandwiches** gemacht: Für 4 Portionen 1 großes Fladenbrot (Rezept S. 91 oder fertig gekauft) vierteln. Die Viertel mit einem scharfen Messer aufschneiden und die Unterseiten jeweils großzügig mit Hummus bestreichen. Jeweils einige Tomatenscheiben, Zwiebelringe und 3 Falafel darauf legen, die Oberseite darüber klappen.

Pikante Varianten

Für orientalisches Feuer den Kichererbsenteig zusätzlich mit 1–2 Msp. **Chilipulver** und 1 TL **Korianderpulver** abschmecken.
Auch **Zwiebeln** bringen würzige Schärfe an die Falafel: 120 g Zwiebeln schälen und fein hacken. 1 TL Olivenöl in einer beschichteten Pfanne erhitzen und die Zwiebeln darin glasig dünsten. 1–2 EL Sumak (s. Tipp S. 89) untermischen, die Zwiebeln abkühlen lassen. Den Falafelteig wie links beschrieben zubereiten. Aus dem Teig handgroße Fladen formen. Je 1 gehäuften TL Zwiebelfüllung in die Mitte der Fladen geben und diese zu dicken Zigarren aufrollen. Wie links beschrieben frittieren. Mit Zwiebelstreifen und eingelegten (nach Belieben scharfen oder milden) Chilischoten servieren.

preiswert Grüne Bohnen mit Tomaten

Für 4 Personen:
2 Zwiebeln
500 g Tomaten
750 g grüne Bohnen
5 EL Olivenöl
1 TL Kreuzkümmelpulver
1/2 TL Korianderpulver
Salz
2–3 Knoblauchzehen
Pfeffer

Zubereitungszeit: ca. 45 Min.
Garzeit: ca. 15 Min.
Pro Portion: ca. 185 kcal

1 Die Zwiebeln schälen und fein hacken. Die Tomaten mit kochendem Wasser überbrühen, häuten und klein würfeln, dabei die Stielansätze entfernen. Die Bohnen waschen, die Enden abknipsen oder abschneiden, dabei die Fäden abziehen. Dann die Bohnen quer halbieren.

2 Das Olivenöl in einem Topf erhitzen und die Zwiebeln darin bei mittlerer Hitze goldbraun braten. Die Tomaten dazugeben und ca. 2 Min. mitdünsten. Dann die Bohnen, den Kreuzkümmel und den Koriander dazugeben. 300 ml Wasser angießen, alles gut verrühren und mit Salz würzen.

3 Alles zugedeckt bei schwacher Hitze ca. 15 Min. leise kochen lassen, bis die Bohnen weich sind und die Sauce etwas eingedickt ist.

4 Den Knoblauch schälen, dazupressen und unterrühren. Die Bohnen mit Salz und Pfeffer abschmecken und warm oder kalt servieren.

schnell **Süß-saure Okraschoten**

Für 4 Personen:
Salz
400 g frische Okraschoten
5 EL Olivenöl
3 Limetten
50 g Rohrzucker
bunter Pfeffer

Zubereitungszeit: ca. 25 Min.
Pro Portion: ca. 200 kcal

1 Reichlich Wasser zum Kochen bringen, salzen. Die Okraschoten waschen und mit einem Messer am Stielansatz wie einen Bleistift zuspitzen, dabei die Früchte nicht verletzen (s. Tipp). Die Okras im kochenden Salzwasser ca. 8 Min. blanchieren. Mit einem Schaumlöffel herausheben und trockentupfen.

2 Das Öl in einer beschichteten Pfanne erhitzen, die Okraschoten hineingeben und etwas salzen. Bei mittlerer Hitze unter ständigem Wenden 5–7 Min. braten. Evtl. etwas Wasser dazugeben, damit sie nicht anbrennen. Aus der Pfanne nehmen. Das Öl nicht abgießen. Die Okras auf einer Platte anrichten.

3 2 Limetten auspressen, den Limettensaft mit dem Zucker verrühren und in das verbliebene heiße Bratöl gießen. Unter ständigem Rühren leise kochen lassen, bis die Sauce sämig wird. Die Sauce über die Okraschoten träufeln. Mit Pfeffer würzen. Die übrige Limette waschen, in Stücke schneiden und die Okras damit garnieren. Kalt servieren.

Clever vorbereiten

Dass die **Okraschoten** beim Putzen nicht verletzt werden, ist wichtig, denn sonst tritt ein milchig-klebriges Gallert aus, das zwar geschmacksneutral ist, aber nicht sehr appetitlich aussieht. Weil bei einem geraden Schnitt die Flüssigkeit auslaufen würde, spitzt man die Früchte am Stielansatz bleistiftförmig zu.

macht was her **Gefüllte Weinblätter**

(im Bild hinten)

Für 30 Stück:
30 eingelegte Weinblätter | Salz
2 große Zwiebeln | 1/2 TL Kurkumapulver
4 EL Olivenöl | 100 g Rundkornreis
200 g Pinienkerne
je 1/2 Bund glatte Petersilie und Dill
einige frische Estragon- und Minzeblätter
100 g Tamarindenmark | 1/2 TL Zimtpulver
Pfeffer | 6 EL Butter

Zubereitungszeit: ca. 1 Std. 30 Min.
Garzeit: ca. 1 Std.
Pro Stück: ca. 90 kcal

1 Weinblätter kurz abspülen. In reichlich kochendem Salzwasser ca. 5 Min. blanchieren, abgießen, eiskalt abschrecken und abtropfen lassen.

2 Die Zwiebeln schälen, sehr fein hacken und mit dem Kurkumapulver in 3 EL Öl unter Rühren braun braten. Den Reis unter die Zwiebeln rühren. Mit ca. 1/4 l Wasser ablöschen und aufkochen lassen. Bei mittlerer Hitze ca. 15 Min. leise kochen lassen, bis der Reis die Flüssigkeit aufgesogen hat. Inzwischen die Pinienkerne in dem restlichen Öl goldgelb rösten. Die Kräuter waschen und trockenschütteln bzw. -tupfen, die Blättchen fein hacken. Das Tamarindenmark in 300 ml heißem Wasser ca. 15 Min. einweichen.

3 Reis, Pinienkerne, Kräuter und Zimt vermischen, salzen und pfeffern. 1 Weinblatt mit der rauen Seite nach oben auf die Arbeitsfläche legen. 1 gehäuften TL Reismasse in die Mitte setzen. Den unteren Teil des Blattes über die Masse schlagen, die beiden Seiten darüber legen, alles zusammenrollen. Mit den übrigen Blättern genauso verfahren. Die Blätter nebeneinander mit der »offenen« Seite nach unten in einen Bräter setzen. Ofen auf 180° vorheizen.

4 Das Tamarindenmark gut auspressen, den Sud durch ein Sieb über die Röllchen gießen. Butter in Flöckchen darauf setzen. Die Weinblätter zugedeckt im heißen Ofen ca. 1 Std. (Mitte, Umluft 160°) garen. Dazu schmeckt Joghurt.

fruchtig **Gebratene Paprika mit Melone**

(im Bild vorne)

Für 4 Personen:
2 rote Paprikaschoten | 1/2 Honigmelone
Saft von 1 Limette | 4 EL Olivenöl
2 EL Rotweinessig
1/2 TL Pul Biber (s. Tipp) | Salz

Zubereitungszeit: ca. 25 Min.
Garzeit: ca. 20 Min.
Pro Portion: ca. 130 kcal

1 Den Backofen auf 210° vorheizen. Die Paprika waschen, längs halbieren und putzen. Mit den Schnittstellen nach unten auf ein Backblech setzen und im heißen Backofen (Mitte, Umluft 190°) ca. 20 Min. braten, bis die Haut dunkel wird und Blasen wirft. Herausnehmen, mit einem feuchten Tuch bedeckt kurz abkühlen lassen. Enthäuten und in 1–2 cm breite Streifen schneiden.

2 Die Melone schälen, entkernen und in Streifen schneiden. Paprika- und Melonenstreifen abwechselnd auf einem Teller anrichten. Den Limettensaft mit dem Öl und dem Essig verrühren und über die Paprika träufeln. Pul Biber darüber streuen und salzen.

Clever einkaufen

Pul Biber, eine Gewürzmischung aus getrockneten, geschroteten Chilischoten und Paprika, ist in jedem türkischen Lebensmittelladen erhältlich. Sollten Sie einen solchen nicht in der Nähe haben, finden Sie auf Seite 87 Bezugsadressen für diese und andere Zutaten.

für den Vorrat
Essig-Gemüse

(im Bild vorne)

Für 4 Twist-off-Gläser (je ca. 1/2 l Inhalt):
2 Auberginen
2 Stangen Staudensellerie
1/2 Blumenkohl | 250 g Möhren
1/2 Bund Koriandergrün
1/2 Bund glatte Petersilie
1 TL schwarze Kümmelkörner
1 TL Koriandersamen
4 frische Peperoni
1 l Apfelessig

Zubereitungszeit: ca. 1 Std.
Zeit zum Durchziehen: ca. 1 Monat
Haltbarkeit: 1–2 Monate
(kühl und dunkel aufbewahrt)
Pro Glas: ca. 155 kcal

1 Den Backofen auf 180° vorheizen. Die Auberginen waschen und mit einer Gabel mehrmals einstechen. Auf ein Backblech setzen und im heißen Ofen (Mitte, Umluft 160°) ca. 30 Min. backen. Inzwischen das übrige Gemüse waschen, putzen, in Stücke schneiden und in eine feuerfeste Form füllen.

2 Die Auberginen aus dem Backofen nehmen. Die Form mit dem klein geschnittenen Gemüse 5–10 Min. in den ausgeschalteten, aber noch heißen Ofen stellen. Inzwischen die Auberginen häuten und ebenfalls in Stücke schneiden. Die Kräuter waschen und trockenschütteln, die Blättchen abzupfen und fein hacken.

3 Das Gemüse aus dem Ofen nehmen und in der Form mit den Auberginen, den Kräutern und Gewürzen gut vermengen. Die Peperoni waschen. In jedes vorbereitete Glas (s. Tipp) 1 Peperoni geben, die Gemüsemischung dazugeben und mit dem Essig auffüllen. Gut verschließen und an einem kühlen, dunklen Ort 1 Monat ziehen lassen.

Clever vorbereiten

Damit das Essig-Gemüse nicht vorzeitig verdirbt, sollten Sie die **Gläser sterilisieren:** Dazu die gespülten Gläser in einen großen Topf legen. Mit heißem Wasser bedecken, dieses zum Kochen bringen. Die Gläser im kochenden Wasser ca. 5 Min. erhitzen. Herd abschalten, die Gläser im heißen Wasser liegen lassen. Vor dem Füllen auf einem sauberen Küchentuch abtropfen lassen.

blitzschnell
Eingelegte grüne Tomaten

(im Bild hinten)

Für 2 Twist-off-Gläser (je ca. 350 ml Inhalt):
500 g grüne Tomaten
10 Knoblauchzehen
150 ml Weißweinessig
60 g Zucker | Salz
Pfefferkörner | 1/4 l Olivenöl

Zubereitungszeit: ca. 20 Min.
Zeit zum Durchziehen: ca. 1 Woche
Haltbarkeit: 2–3 Wochen
(kühl und dunkel aufbewahrt)
Pro Glas: ca. 200 kcal

1 Reichlich Wasser in einem Topf zum Kochen bringen. Die Tomaten waschen, hineingeben und ca. 5 Min. sprudelnd kochen lassen. Herausnehmen und abtropfen lassen. 8 Knoblauchzehen schälen und mit den Tomaten in die vorbereiteten Gläser (s. Tipp) geben.

2 Den restlichen Knoblauch schälen. Mit Essig, Zucker, Salz und einigen Pfefferkörnern in einen Topf geben. 350 ml Wasser angießen, alles kurz aufkochen und ca. 10 Min. leise kochen lassen.

3 Die heiße Marinade über die Tomaten gießen, das Olivenöl darüber gießen. Die Gläser gut verschließen und an einem kühlen, dunklen Ort 1 Woche ziehen lassen.

super vorzubereiten **Labaneh**

Für 1 Twist-off-Glas (ca. 1 l Inhalt):
1 kg stichfester Vollmilch-Joghurt (z. B. Bulgara)
Salz
1/2 l Olivenöl
2 getrocknete Chilischoten
2 Lorbeerblätter
1 TL schwarze Kümmelkörner
1 TL schwarze Pfefferkörner
Außerdem:
1 Mulltuch für das Sieb
Öl für die Hände

Zubereitungszeit: ca. 45 Min.
Abtropfzeit: ca. 3 Tage
Zeit zum Durchziehen: ca. 4 Tage
Haltbarkeit: 1–2 Monate (kühl und dunkel aufbewahrt, mit Öl bedeckt)
Pro Glas: ca. 1850 kcal

1 Ein feines Sieb mit einem sauberen Mulltuch auslegen, das Sieb über eine Schüssel hängen. Den Joghurt mit 1 TL Salz verrühren und in das Sieb füllen. Den Joghurt zugedeckt an einem kühlen Ort 2–3 Tage abtropfen lassen, bis die Flüssigkeit abgelaufen und eine feste Masse entstanden ist.

2 Das Olivenöl in das vorbereitete Glas füllen (s. Tipp S. 121). Die Chilis, die Lorbeerblätter und die Kümmel- und Pfefferkörner unterrühren. Die Hände leicht mit Öl einreiben. Aus jeweils 1/2 EL Joghurt 1 kleine Kugel formen und in das Öl geben.

3 Das Glas gut verschließen, die Joghurtkugeln an einem kühlen Ort (aber nicht im Kühlschrank) 3–4 Tage durchziehen lassen. Die Kugeln vor dem Servieren abtropfen lassen.

für Gäste

Gebackener Ziegenkäse

Für 4 Personen:
1 Knoblauchzehe
1 Möhre | 1 kleine Zwiebel
1 EL Olivenöl
1/2 TL Harissa (Chilipaste; aus dem Orientladen)
1 EL Weinessig
1 Ei
1/2 TL frische Thymianblättchen
1 Prise frisch geriebene Muskatnuss
4 EL Mehl
400 g Ziegenkäse am Stück (Ziegenrolle)
4 Zweige frische Minze
Außerdem:
neutrales Pflanzenöl zum Frittieren

Zubereitungszeit: ca. 30 Min.
Pro Portion: ca. 480 kcal

1 Den Knoblauch schälen, etwas anquetschen und eine Schüssel damit innen ausreiben.

2 Die Möhre putzen und schälen. Mit dem Sparschäler längs in hauchdünne Scheiben schneiden. Die Zwiebel schälen und fein hacken. Möhren und Zwiebel in der Schüssel mischen. Öl, Harissa und Essig verquirlen und unterrühren.

3 Das Ei mit dem Thymian und dem Muskat verquirlen. Das Mehl auf einen flachen Teller geben. Den Käse in 4 Stücke schneiden.

4 Reichlich Öl in einem Topf oder in der Fritteuse erhitzen. Es ist heiß genug, wenn an einem hineingehaltenen Holzlöffelstiel Bläschen aufsteigen. Die Käsestücke in dem Mehl wälzen, mit der Eimasse überziehen und wieder im Mehl wälzen. Dann in dem heißen Öl von beiden Seiten in 3–5 Min. goldbraun backen. Herausnehmen und auf Küchenpapier entfetten. Die Minze waschen und trockenschütteln, die Blättchen abzupfen. Den Käse auf dem Möhrensalat anrichten, die Minze darüber streuen. Warm servieren.

Register Rezepte und Hauptzutaten

GU EINFACH CLEVER

Aktuelle Themen zu super Preisen

ISBN 3-7742-6068-0

ISBN 3-7742-5463-X

ISBN 3-7742-6622-0

ISBN 3-7742-5464-8

ISBN 3-7742-5953-4

ISBN 3-7742-6163-6

128 Seiten, 9,90 € [D]

Warum die Hardcoverreihe ist, wie sie heißt:

- *rund 100 Rezepte zum Minipreis*
- *Zutaten-Tauschbörsen und Blitz- und Luxus-varianten für flexibles Kochen*
- *viele bebilderte Info-Baukästen mit allem Wissenswerten rund ums Thema*

G|U

Gutgemacht. Gutgelaunt.

Die Autoren

Cornelia Adam
Petra Casparek
Erika Casparek-Türkkan
Marieluise Christl-Licosa
Dieter Eckel
Reinhardt Hess
Angelika Ilies
Marianne Kaltenbach
Barbara Lutterbeck
Roland Marske
Cornelia Schinharl

Die Fotografin

Barbara Lutterbeck zählt zur Spitze deutscher Foodfotografen. Nach Fotostudium, ersten Erfahrungen in einem Londoner Werbestudio und Zwischenstationen in verschiedenen Agenturen gründete sie in Köln ihr eigenes Studio. Dort arbeitet sie für internationale Buchverlage, Zeitschriftenredaktionen und Agenturen. Seit über 10 Jahren hat sie sich auf Foodfotografie spezialisiert und dabei mit Unterstützung renommierter Foodstylisten mehr als 40 Kochbücher gestaltet. Südländische Vorspeisen zählen zu ihren Lieblingsthemen – spätestens seit der Arbeit an ihrem Buch *Orient – Küche & Kultur*, 2002 beim GRÄFE UND UNZER VERLAG erschienen und inzwischen ein Longseller.
Sonja Schubert zeichnet für das Foodstyling verantwortlich. Nach Architekturstudium und mehrjähriger Tätigkeit als Bühnenbildnerin an Kölner und Düsseldorfer Theatern arbeitet sie nun als freiberufliche Foodstylisting für Events und Fotoproduktionen.

Programmleitung: Doris Birk

Leitende Redakteurin:
Birgit Rademacker

Konzept, Text und Redaktion:
Alessandra Redies

Lektorat: Saskia Nickles

Korrektorat: Martina Wagner

Layout »Einfach clever«, Typographie und Umschlaggestaltung: Thomas Jankovic, GF von engels verlagsbüro in München, Gestalter erfolgreicher Buchserien mit besonderem Gusto auf alles, was Genießern Spaß macht – wie dieses Vorspeisen-Buch.

Satz: Knipping Werbung GmbH, München

Herstellung: Petra Roth

Reproduktion:
Penta Repro, München

Druck und Bindung:
Kaufmann, Lahr

ISBN 3-7742-6621-2

Auflage	5.	4.	3.	2.	1.
Jahr	2008	07	06	05	04

Das Original mit Garantie

Ihre Meinung ist uns wichtig. Deshalb möchten wir Ihre Kritik, gerne aber auch Ihr Lob erfahren, um als führender Ratgeberverlag für Sie noch besser zu werden.
Darum: Schreiben Sie uns!
Wir freuen uns auf Ihre Post und wünschen Ihnen viel Spaß mit Ihrem GU-Ratgeber.

Unsere Garantie: Sollte ein GU-Ratgeber einmal einen Fehler enthalten, schicken Sie uns bitte das Buch mit einem kleinen Hinweis und der Quittung innerhalb von sechs Monaten nach dem Kauf zurück. Wir tauschen Ihnen den GU-Ratgeber gegen einen anderen zum gleichen oder einem ähnlichen Thema um.

Ihr GRÄFE UND UNZER VERLAG
Redaktion Kochen & Verwöhnen
Postfach 86 03 25
81630 München
Fax: 089/41981-113
e-mail: leserservice@graefe-und-unzer.de

GRÄFE UND UNZER
Ein Unternehmen der
GANSKE VERLAGSGRUPPE